Para Lety
con todo mi cariño
pa~ que hagas mas
cosas delicosas
Ame 29 oct

Y0-AWI-351

Chocolate

DIRECTORA DE COLECCIÓN: TRINI VERGARA
CHEF: PÍA FENDRIK
FOTOGRAFÍA: ÁNGELA COPELLO

V&R
EDITORAS

CHOCOLATE: EL MÁGICO INGREDIENTE

Este es, sin dudas, el mejor libro de recetas de chocolate: excelentes postres, tartas, pastelitos y otras delicias, seleccionados y explicados para los amantes del mágico ingrediente —condición absolutamente necesaria—, pero que pueden tener mucha, poca o mínima experiencia como cocineros. Ninguna receta requiere de técnicas complicadas. Cada una ha sido probada con éxito muchas veces. Si en algún caso se pide un ingrediente no común, siempre es ofrecida una alternativa más simple.

En la selección de recetas, se ha querido respetar las más tradicionales, que incluyen clásicos como el soufflé de chocolate, pero también hacer honor a los favoritos del momento, como el volcán de chocolate. Proponemos una gran variedad de postres fríos y calientes, más sencillos o más innovadores, para una comida, para acompañar el café o para la hora del té… Si está pensando en comer algo rico con chocolate, o ha decidido dar un gusto a su familia, sorprender a su amor, agasajar a sus amigos, lucirse en una ocasión especial… en este libro encontrará la mejor receta para cada momento.

Preparándola será tan feliz como ofreciéndola a los demás.

LA TÉCNICA BÁSICA: DERRETIR EL CHOCOLATE

En casi todas las recetas necesitaremos derretir chocolate. Se debe poner la cantidad necesaria en un recipiente de vidrio o cerámica, en el microondas, a temperatura máxima, a intervalos de 30 ó 15 segundos, para que no se queme. En cada intervalo debemos revolver, para emparejar el proceso. (Por supuesto, también se lo puede derretir a baño María, pero nunca en contacto directo con el fuego.)

LOS DIFERENTES TIPOS DE CHOCOLATE PARA REPOSTERÍA

El chocolate es una mezcla de pasta de cacao en polvo, mantequilla de cacao en polvo y azúcar. Según las proporciones que se utilicen se obtienen diferentes calidades, texturas y aromas. Los chocolates con más porcentaje de mantequilla de cacao en polvo son aquellos más untuosos y los que se funden mejor en la boca. Los chocolates con mayor contenido de pasta de cacao en polvo son de sabor y aroma más intensos.

Los *tipos de chocolate* disponibles para cocinar se clasifican en:

Chocolate cobertura: contiene un alto porcentaje de cacao en polvo, de mantequilla de cacao en polvo y un bajo contenido de azúcar. Se ofrece en varios gustos: chocolate amargo, semiamargo, con leche y blanco. El chocolate cobertura con leche lleva incorporados a los ingredientes básicos, leche en un porcentaje del 20%. El chocolate cobertura blanco no contiene pasta de cacao en polvo. Está compuesto por mantequilla de cacao en polvo, leche y azúcar. No debe tener colorantes agregados.

Cuando en las recetas se pide *"chocolate"*, nos referiremos siempre a **chocolate cobertura semiamargo de buena calidad**. Esto quiere decir que debe tener un alto contenido de cacao en polvo (no menos de 65 o 70%). Cuando se pida otro tipo de chocolate, se aclarará especialmente.

Chocolate de taza: tiene un alto contenido de azúcar y un bajo contenido de mantequilla de cacao en polvo. Se usa para preparar la bebida de chocolate caliente.

Baño de chocolate: es un producto que se vende ya preparado y que no se funde a temperatura ambiente, porque contiene aceite vegetal hidrogenado. Se utiliza para bañar pasteles, galletas y otras recetas, o hacer decoraciones.

Cacao en polvo: al igual que el chocolate, el cacao presenta diferentes variedades y calidades. Su color debe ser intenso como su aroma. Es un producto muy astringente y no resulta agradable para comer solo. Al comprar cacao, verifique que no contenga cascarilla de cacao; esto no es aconsejable, ya que disminuye significativamente la calidad del mismo.

Amargo: es la pasta de cacao molida sin ningún agregado. Es muy intenso en su color, aroma y sabor.

Semiamargo: contiene una baja proporción de azúcar y es el más utilizado en pastelería.

Dulce: tiene un alto contenido de azúcar y se utiliza para fabricar bebidas y productos industriales.

Postres individuales

Pots de crème de chocolate blanco y negro

INGREDIENTES

300 ml de crema de leche

75 g / 2 ½ oz de azúcar

150 g / 5 oz de chocolate semiamargo

150 g / 5 oz de chocolate blanco

2 yemas

Rinde para 6 personas

La clave de este sencillo y cremoso postre, de origen francés, es su delicada presentación en "pots" o pequeños vasitos redondeados de cerámica, a veces con tapa; o bien con un estilo moderno, en sencillos vasos de vidrio, para destacar los colores de los dos chocolates.

PREPARACIÓN

Batir la crema con el azúcar a medio punto (*ver más abajo*), y distribuirla en dos recipientes, en la siguiente proporción: 1/3 en uno —será para el chocolate blanco— y 2/3 en el otro —será para el chocolate semiamargo. Picar el chocolate semiamargo y derretirlo (*como se explica en la pág. 2*). Por separado, picar y derretir el chocolate blanco de la misma forma. Mezclar cada chocolate por separado con una yema, y su parte de crema, revolviendo hasta integrar bien. (La razón de que el chocolate semiamargo lleve más crema es porque es más duro que el blanco, y de esta manera logramos que ambas cremas tengan la misma consistencia).

En potes o vasitos individuales, colocar primero una cucharada de chocolate negro, y luego otra de chocolate blanco.

Llevar al refrigerador, sacarlo 2 horas antes de servir y decorar con trocitos de chocolate.

Crema a medio punto
Batir la crema con batidora eléctrica o manual hasta que se empiecen a formar puntas y la batidora deje su huella, pero sin llegar a que la crema tome demasiada consistencia.

Mousse cremosa de chocolate

INGREDIENTES
200 g / 7 oz de azúcar
100 ml de agua
6 claras
6 yemas
200 ml de crema de leche
450 g / 16 oz de chocolate

Rinde para 8 personas

Esta es una versión propia, muy rica y cremosa, de uno de los postres de chocolate más famosos y populares del mundo. Nace en la cocina francesa, pero por ser tan simple de preparar y de gusto tan general, es hoy un clásico internacional.

PREPARACIÓN
En una cacerolita, colocar 100 g / 3½ oz de azúcar con el agua y hacer un almíbar a punto de bolita blanda *(ver más abajo)*. Por separado, batir en un recipiente las yemas hasta que estén pálidas y volcar sobre ellas el almíbar caliente en forma de hilo. Continuar batiendo hasta que se enfríe la preparación. Aparte, batir la crema a medio punto *(ver pág. 5)* y reservar. Batir las claras hasta que estén espumosas y luego añadir en forma de lluvia los 100 g / 3½ oz de azúcar restantes. Continuar batiendo hasta que estén firmes y brillantes. Picar el chocolate y derretirlo *(como se explica en la pág. 2)*. Agregar al chocolate la preparación de las yemas y mezclar. Luego, incorporar la crema y, por último, con movimientos envolventes, las claras batidas. Enfriar y servir en copas o tazas individuales.

Por supuesto, aunque su presentación clásica es individual, se puede servir en una fuente honda, preferentemente de cristal. Se puede decorar con nueces finamente picadas.

Almíbar a punto de bolita blanda
Colocar en una cacerolita partes iguales de agua y azúcar y llevar a ebullición a fuego fuerte. Cocinar hasta que el almíbar se espese ligeramente. Con una cucharita, tome una pizca del almíbar y colóquela dentro de un vaso con agua helada. Si puede formar con los dedos una bolita blanda, estará listo. (Con termómetro, la temperatura debe ser de 116-118ºC.)

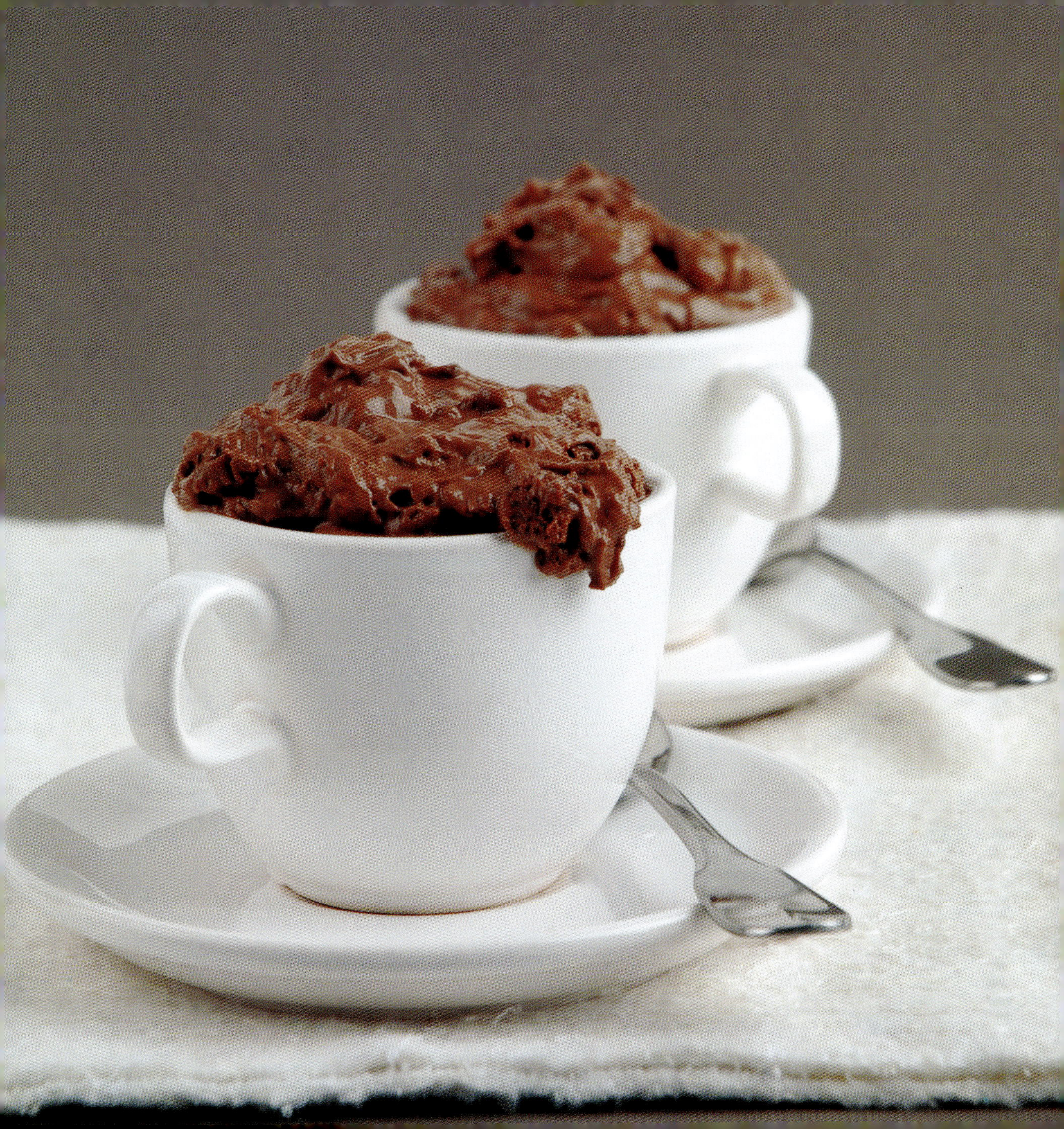

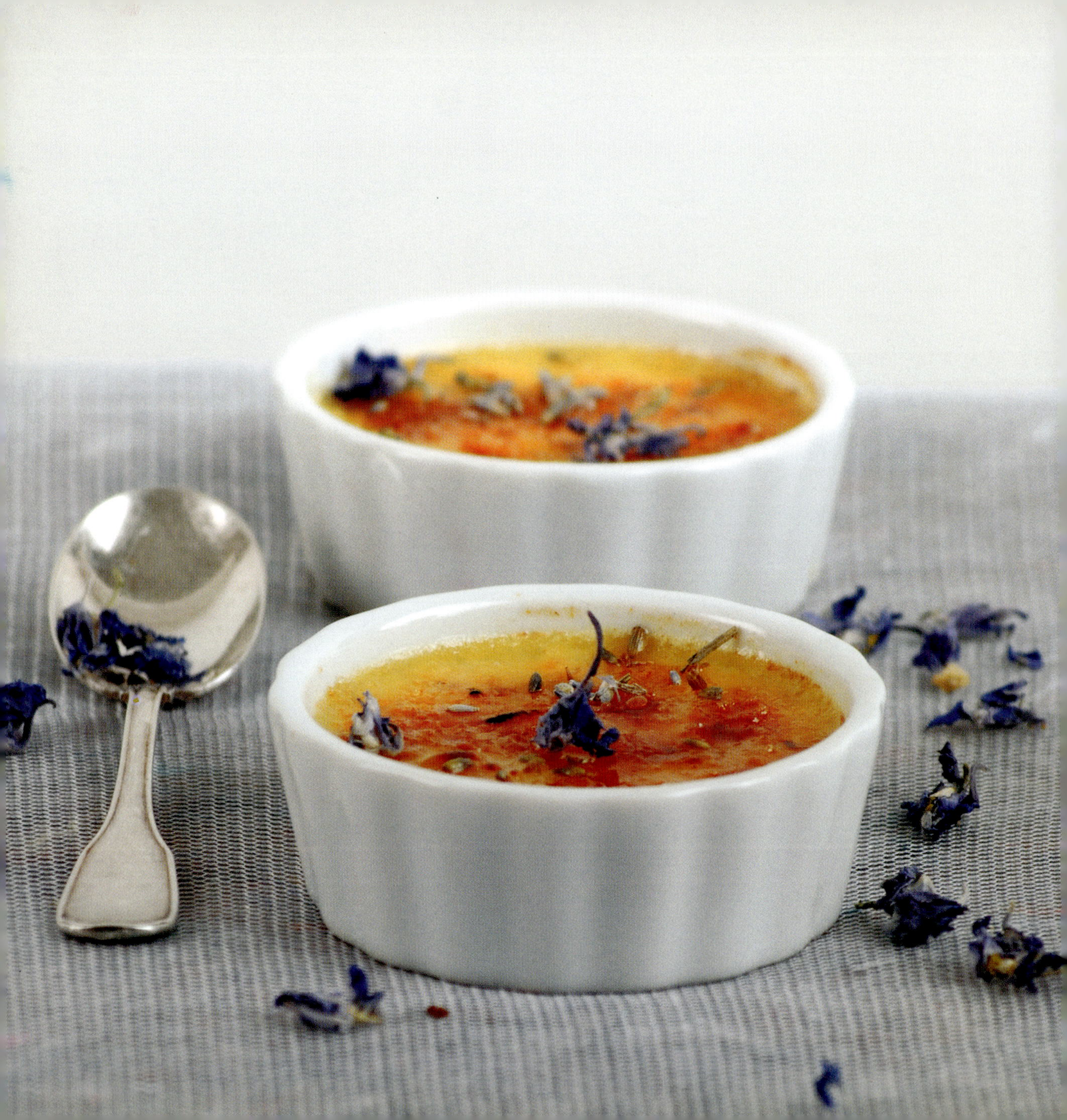

Crème brûlée de chocolate blanco con un toque perfumado

Una variante muy original de la popular crème brûlée. Fácil y rico, es un postre perfecto para culminar una cena con gran estilo.

INGREDIENTES

2 tazas de leche
2 tazas de crema de leche
50 g / 1 1/2 oz de azúcar
1 cda. de flores de lavanda*
150 g / 5 oz de chocolate blanco
4 huevos

Rinde para 6 personas

* Se pueden utilizar las flores de lavanda de perfumería, ya que prepararemos con ellas una infusión. También se pueden reemplazar por unas gotas de extracto de vainilla o una rama de canela.

PREPARACIÓN

Colocar la leche con la crema y el azúcar en una cacerolita junto con las flores de lavanda. Llevar a punto de ebullición, retirar del fuego, tapar y dejar reposar durante 30 minutos. Colar.
Picar y derretir el chocolate blanco *(como se explica en la pág. 2)*. Batir ligeramente los huevos, e integrar al chocolate. Incorporar la preparación de crema. Distribuir la mezcla en cazuelitas de cerámica poco profundas y aptas para horno. Cocinar en el horno a baño María, a fuego bajo (160ºC), durante 40 minutos aproximadamente.
Dejar enfriar y colocar en el refrigerador 2 horas. Espolvorear con azúcar y volver a gratinar en el horno, con el fuego por encima, hasta que el azúcar se caramelice. También se puede quemar el azucar con un soplete de cocina. Conservar en frío, pero servir a temperatura ambiente.

Soufflé suave de chocolate

INGREDIENTES

120 g / 4 oz de chocolate
50 g / 1 1/2 oz de azúcar
4 cdas. de harina
4 yemas
6 claras
2 tazas de crema de leche
1 cdita. de extracto de vainilla

Rinde para 8 personas

¿Qué cocinero o cocinera no le ha temido al soufflé? Pues este clásico de todos los tiempos se puede hacer en casa y salir perfecto. No se deje amedrentar… y disfrute su incomparable textura en la boca.

PREPARACIÓN

Enmantequillar y espolvorear con un poco de azúcar 8 moldes individuales de cerámica, de 6 cm de diámetro (o bien un molde redondo, de 25 cm de diámetro). Precalentar el horno a temperatura fuerte (220°C). En una cacerolita mezclar el azúcar con la harina y las yemas. En otra, calentar la crema con la vainilla hasta el primer hervor. Luego, volcar la crema sobre las yemas y revolver. Volver la preparación al fuego y cocinar durante 5 minutos, sin dejar de revolver, justo hasta que la preparación espese (cuidando de no cocinar de más). Retirar del fuego. Picar el chocolate y derretirlo *(como se explica en la pág. 2)*. Agregarlo a la preparación anterior.
Batir las claras hasta que estén firmes. Agregar 1/3 de este batido a la preparación de chocolate e integrar. Luego, incorporar el resto de las claras ayudándose de una espátula y con movimientos envolventes, para evitar que se baje la preparación.
Colocar en los moldes y llevar rápidamente a horno fuerte durante 15 minutos. Luego, bajar la temperatura del horno a moderada (180°C) y cocinar durante 15 minutos más. Servir inmediatamente.

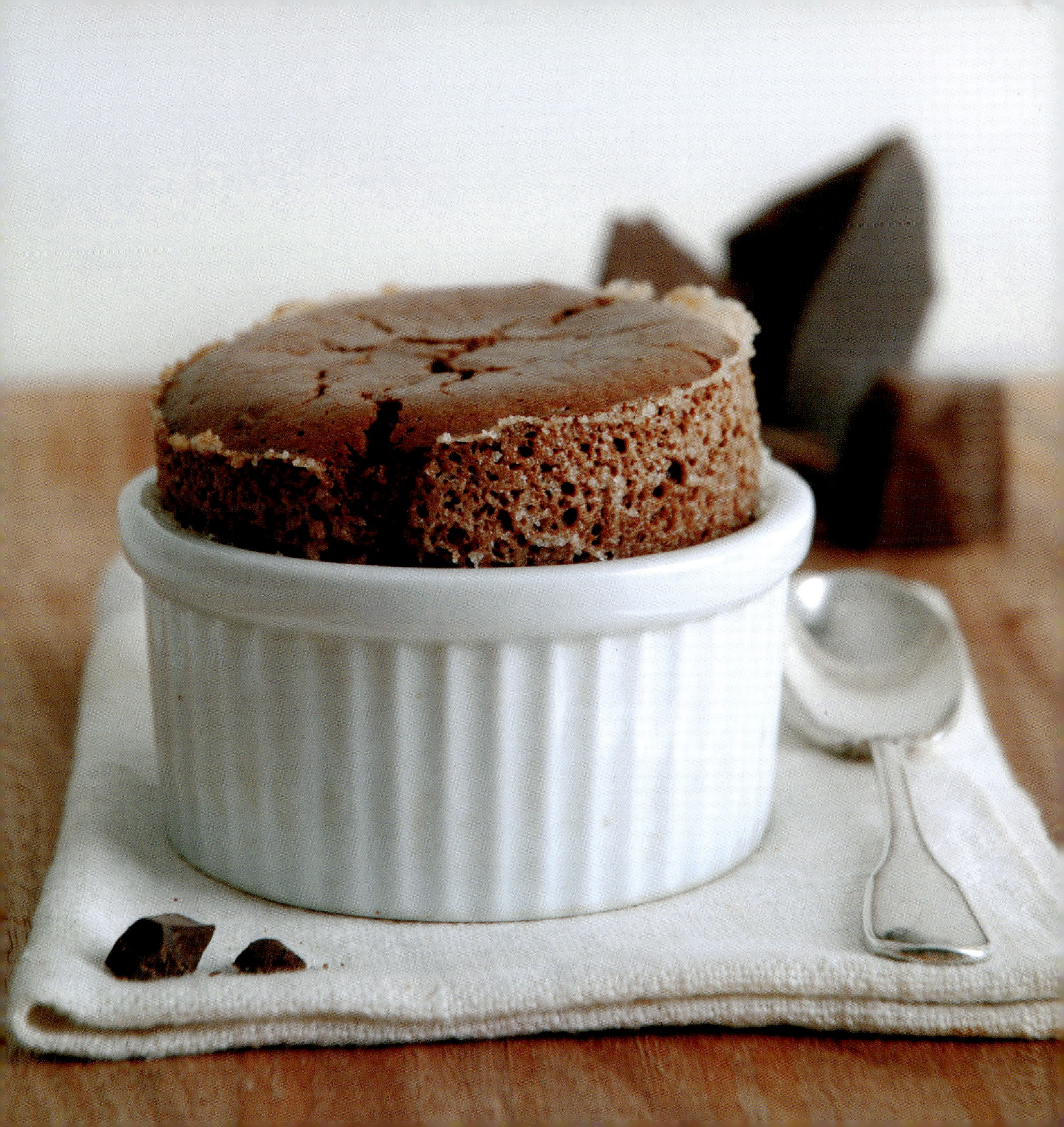

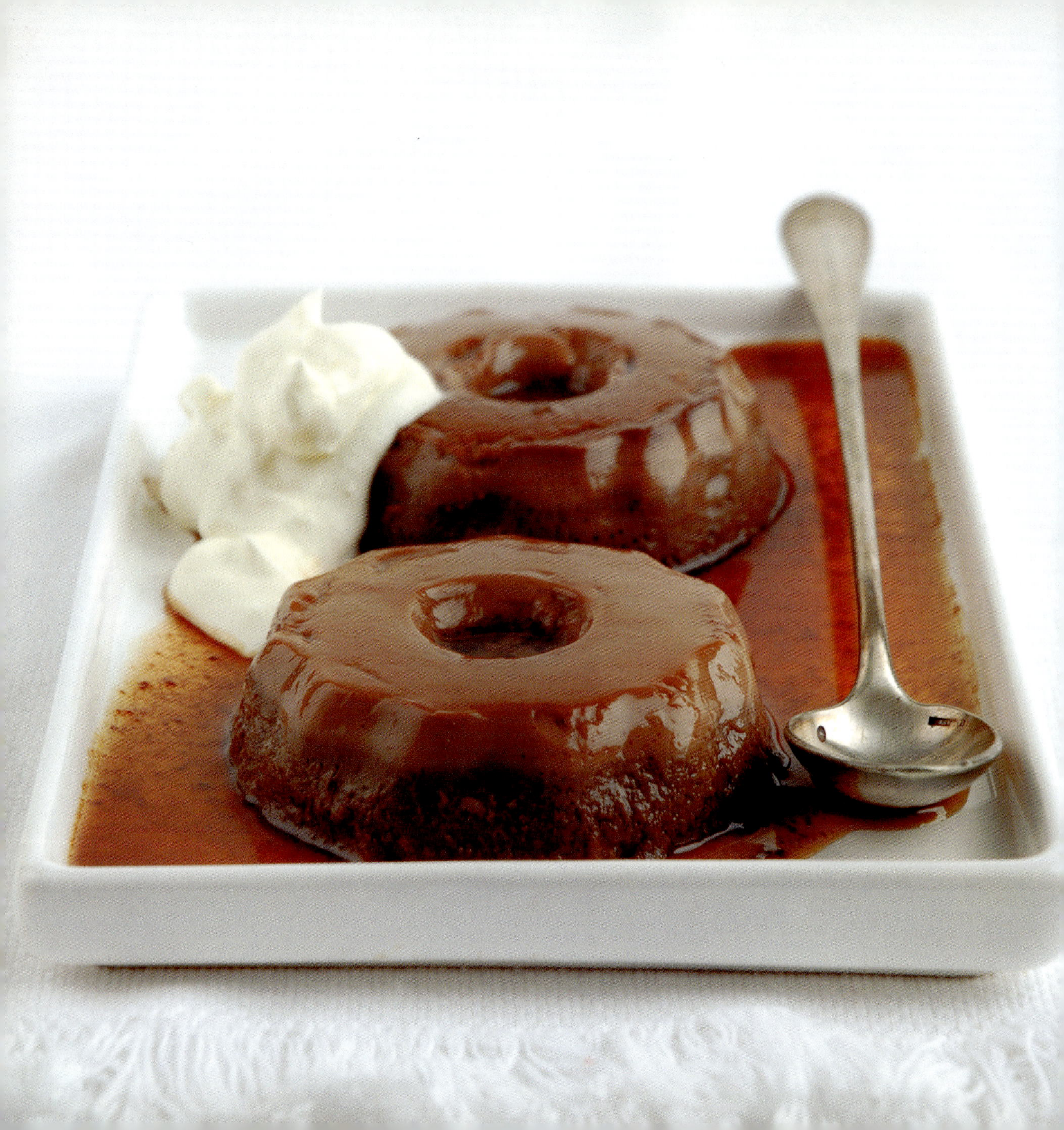

Flancitos de chocolate

INGREDIENTES

200 g / 7 oz de chocolate

200 ml de crema de leche

700 ml de leche

1 palito/raja de vainilla o 1 cdita. de extracto de vainilla

100 g / 3 1/2 oz de azúcar

6 huevos

Rinde para 10 moldecitos

Un delicioso postre, ideal para preparar el día anterior. Puede presentarse en moldecitos individuales o en uno grande.

PREPARACIÓN

Calentar la crema con la leche, la vainilla y el azúcar hasta su punto de ebullición. Batir ligeramente los huevos. Volcar la leche sobre los huevos, revolver y pasar por un colador. Picar el chocolate y derretirlo *(como se explica en la pág. 2)*. Agregarlo a la mezcla anterior, mezclar bien y disponer la preparación en moldecitos para flan, previamente acaramelados *(ver más abajo)*. Cocinar en el horno a temperatura moderada (180ºC), a baño María, durante 40 minutos.

Al desmoldarlos notará que presentan dos coloraciones; esto es normal, y se debe a que el chocolate decanta durante la cocción. Tenga la precaución de desmoldarlos una vez fríos; de lo contrario, pierden la forma.

Caramelo dorado
Colocar azúcar en una cacerolita o sartén, humedecerla apenas con agua y llevarla a fuego fuerte sin revolver. Cuando empieza a cambiar de color, girar la cacerolita hasta que tome un color dorado parejo. Sacar del fuego y colocar en un recipiente con agua con hielo, para cortar la cocción y que el caramelo no se queme.

Molde acaramelado
Hacer un caramelo dorado *(ver arriba)* y volcarlo inmediatamente dentro del molde, girándolo en forma rápida hasta que esté totalmente cubierto. Dejar enfriar y luego rellenar con la preparación.

Tartaletas de caramelo y chocolate

Pastelitos ideales para la hora del té o como refinado postre.

INGREDIENTES

Para la masa:

200 g / 7 oz de harina

50 g / 1 1/2 oz de azúcar extra fino/glas/impalpable

100 g / 3 1/2 oz de mantequilla/manteca

1 huevo

Para el relleno:

120 ml de crema de leche

100 g / 3 1/2 oz de azúcar

1 cda. de miel

1 cda. de glucosa

100 g / 3 1/2 oz de chocolate

Rinde 8-10 tartaletas

PREPARACIÓN

La masa: colocar la harina, el azúcar extra fino y la mantequilla en el procesador con la cuchilla, y procesar hasta lograr un arenado, o bien trabajar con un tenedor. Incorporar el huevo y 1 ó 2 cucharadas de agua helada. Armar la bola de masa sin amasar, cubrir con un papel plástico transparente y llevar 30 minutos al refrigerador. Luego, estirarla suavemente con un rodillo de amasar, en la mesa enharinada, hasta unos 3 mm de espesor. Cortar discos o rectángulos (según la forma elegida) y forrar los moldecitos de tartaletas.
Llevarlos al refrigerador otros 30 minutos. Cocinar en horno fuerte (220°C) durante 20 minutos o hasta que se doren. Retirar, desmoldar las tartaletas y una vez frías, rellenar.

El relleno: en una cacerolita, calentar la crema hasta que rompa el hervor. En otra, colocar el azúcar, la miel, la glucosa y cocinar hasta obtener un caramelo dorado *(ver pág. 13)*. Retirar del fuego y agregar la crema caliente. Volver al fuego fuerte y revolver hasta que quede una crema lisa. Volcar sobre el chocolate picado, esperar unos minutos y mezclar bien. Rellenar las tartaletas y enfriar en el refrigerador durante una hora, hasta que el relleno se endurezca. Decorar con formas de caramelo *(ver más abajo)*.

Formas de caramelo
En una sartén, hacer un caramelo dorado. Dejar enfriar para que espese.
Con una cuchara, levantar un poco de caramelo y, sobre una bandeja levemente aceitada o una superficie de silicona, hacer formas variadas. Dejar enfriar y despegar.
Atención: el caramelo no se conserva mucho tiempo, prepararlo no más de 2-3 horas antes.

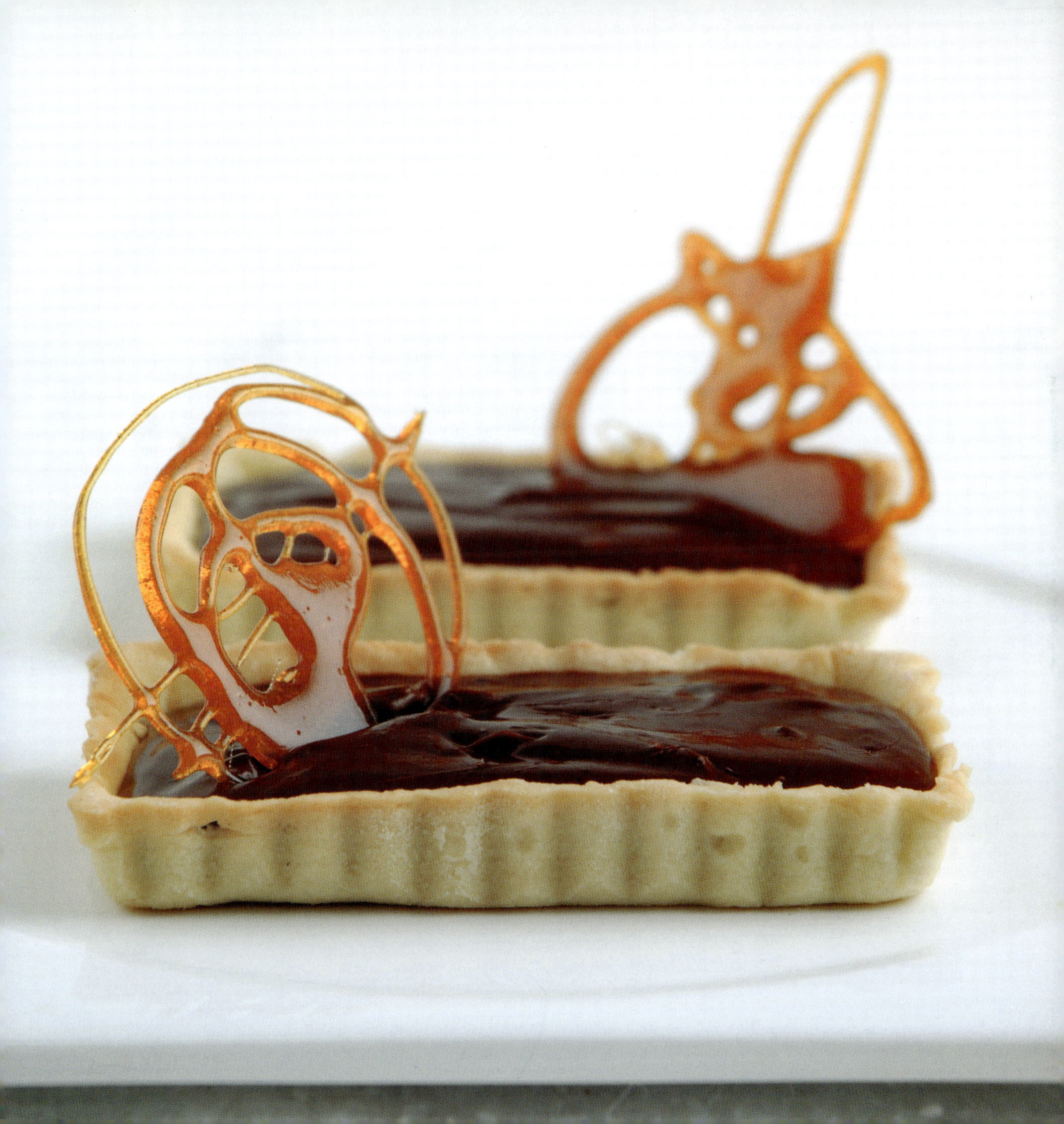

Merengues de chocolate y frutas

Un pequeño desafío culinario para estrenar en familia y, después, lucirse en una ocasión especial.

INGREDIENTES

5 claras

10 cdas. de azúcar

30 g / 1 oz de cacao en polvo

50 g / 1 1/2 oz de azúcar extra fino/glas/impalpable

200 g / 7 oz de chocolate semiamargo

300 ml de crema de leche

50 ml de leche

50 g / 1 1/2 oz de mantequilla/manteca

250 g / 9 oz de frutillas/fresas y arándanos (o una combinación de cualquier fruto rojo, como frambuesas, moras, etc.)

Rinde para 8-10 discos

PREPARACIÓN

Batir las claras hasta que estén espumosas. Agregar el azúcar en forma de lluvia y continuar batiendo hasta lograr un merengue firme y brillante. Aparte, mezclar el cacao con el azúcar extra fino y pasar por un colador. Incorporar al merengue en forma envolvente, para que la preparación no se baje. Enmantequillar y enharinar una bandeja para horno. Siguiendo las instrucciones al pie, armar los discos. Cocinarlos en horno a temperatura mínima (160ºC), hasta que estén secos, por 2 horas aproximadamente. Dejar enfriar en el mismo horno. Batir la crema a medio punto *(ver pág. 5)*. Picar 100 g/3 1/2 oz de chocolate y derretirlo *(como se explica en la pág. 2)*. Agregarlo a la crema y batir enérgicamente hasta que la crema esté firme. Para la salsa de chocolate, colocar en una cacerolita el resto del chocolate, la leche y la mantequilla. Calentar a fuego bajo hasta que el chocolate esté derretido. Colocar una cucharada de crema de chocolate sobre los merengues y decorar con las frutillas y arándanos. Bañar con la salsa de chocolate.

Cómo hacer discos de merengue

Colocar el merengue en una manga o dulla con boca ancha y lisa, y trazar círculos en espiral, formando discos de unos 10 cm de diámetro, para formar primero la base. Luego, siguiendo con el movimiento circular, levantar los bordes, dando unas 2 vueltas que, sumadas a la base, terminan siendo 3.

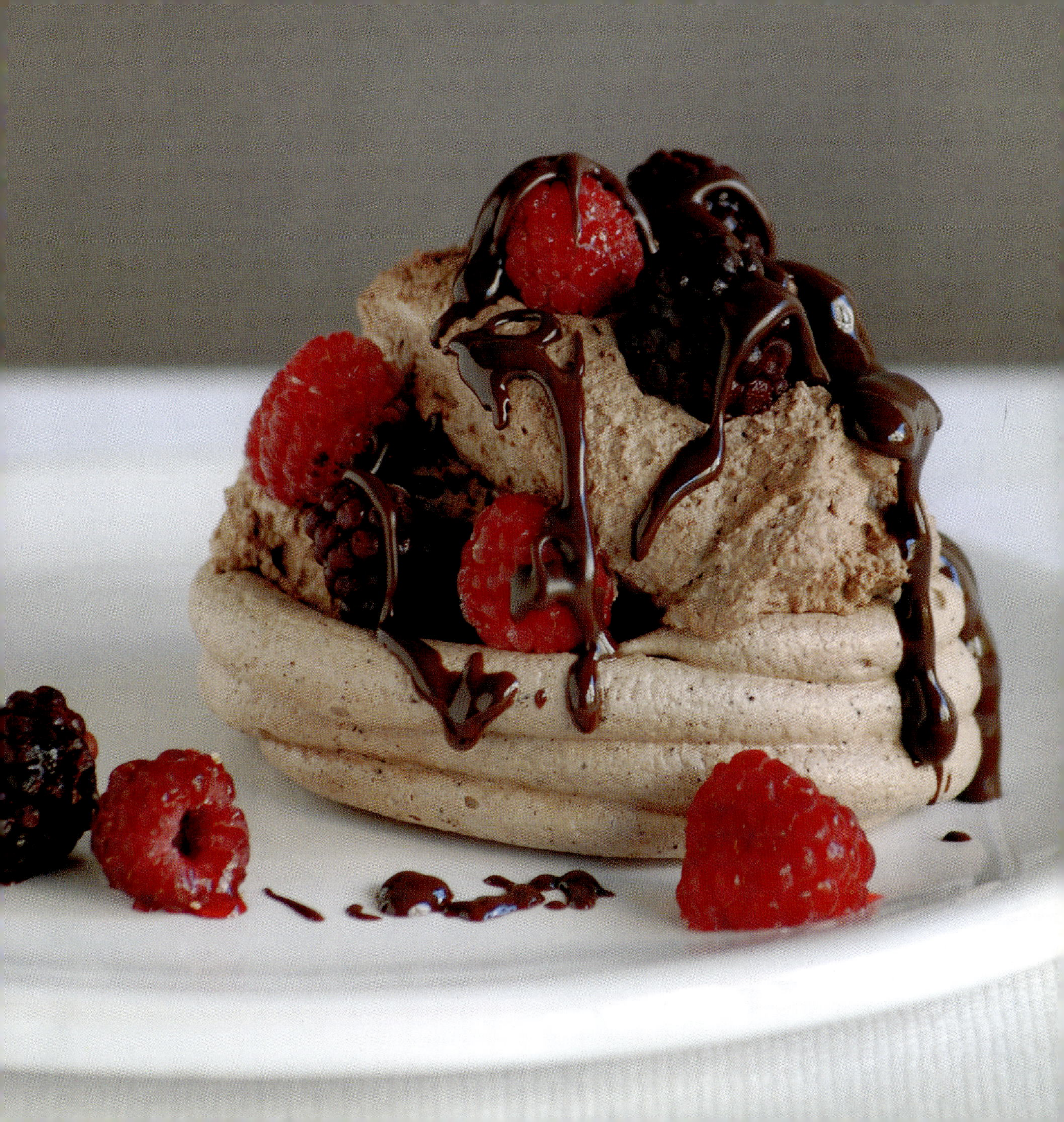

Volcán de chocolate

INGREDIENTES

300 g / 10 $\frac{1}{2}$ oz de chocolate

120 g / 4 oz de mantequilla/manteca

6 huevos

100 g / 3 $\frac{1}{2}$ oz de azúcar

20 g / $\frac{2}{3}$ oz de harina

10 g / $\frac{1}{3}$ oz de cacao en polvo amargo

Rinde para 12 moldecitos

El postre de chocolate más exitoso de los últimos tiempos fue producto de un error de cocción del famoso chef de Nueva York, Jean-Georges Vongerichten. Fue tan espectacular el resultado, y se hizo tan popular, que hoy lo ofrecen los mejores restaurantes de todo el mundo.

PREPARACIÓN

En un recipiente amplio, batir los huevos con el azúcar hasta que estén espumosos y pálidos. Por otra parte, tamizar la harina con el cacao e integrarlos al batido anterior. Derretir el chocolate con la mantequilla en una cacerolita a fuego bajo, o en el microondas. Incorporarlo a la preparación anterior. Enmantequillar generosamente y enharinar moldecitos individuales para flan o muffins. Distribuir la preparación anterior sobre ellos, sin llenarlos demasiado. Cocinar en horno precalentado a temperatura fuerte (en horno convector: 200°C) durante 8 o 10 minutos. Desmoldar directamente sobre cada plato y servir inmediatamente. Espolvorear con azúcar extra fino; se puede acompañar con un poco de crema batida endulzada o helado de vainilla.

Nota: se puede congelar la preparación antes de cocinar y mantener en el congelador por 2 meses. En el momento de cocinarlos, llevar al horno directamente, durante 13 minutos.

El tiempo de cocción dependerá del horno, por eso se recomienda probar con un moldecito primero. La receta está correcta cuando se desmolda fácilmente y, al cortarlo, aparece el interior muy cremoso, pero no necesariamente líquido. Puede buscarse un resultado más notorio, más "efecto volcán", si se cocina en menos tiempo, pero deberá tener mucho cuidado al desmoldar.

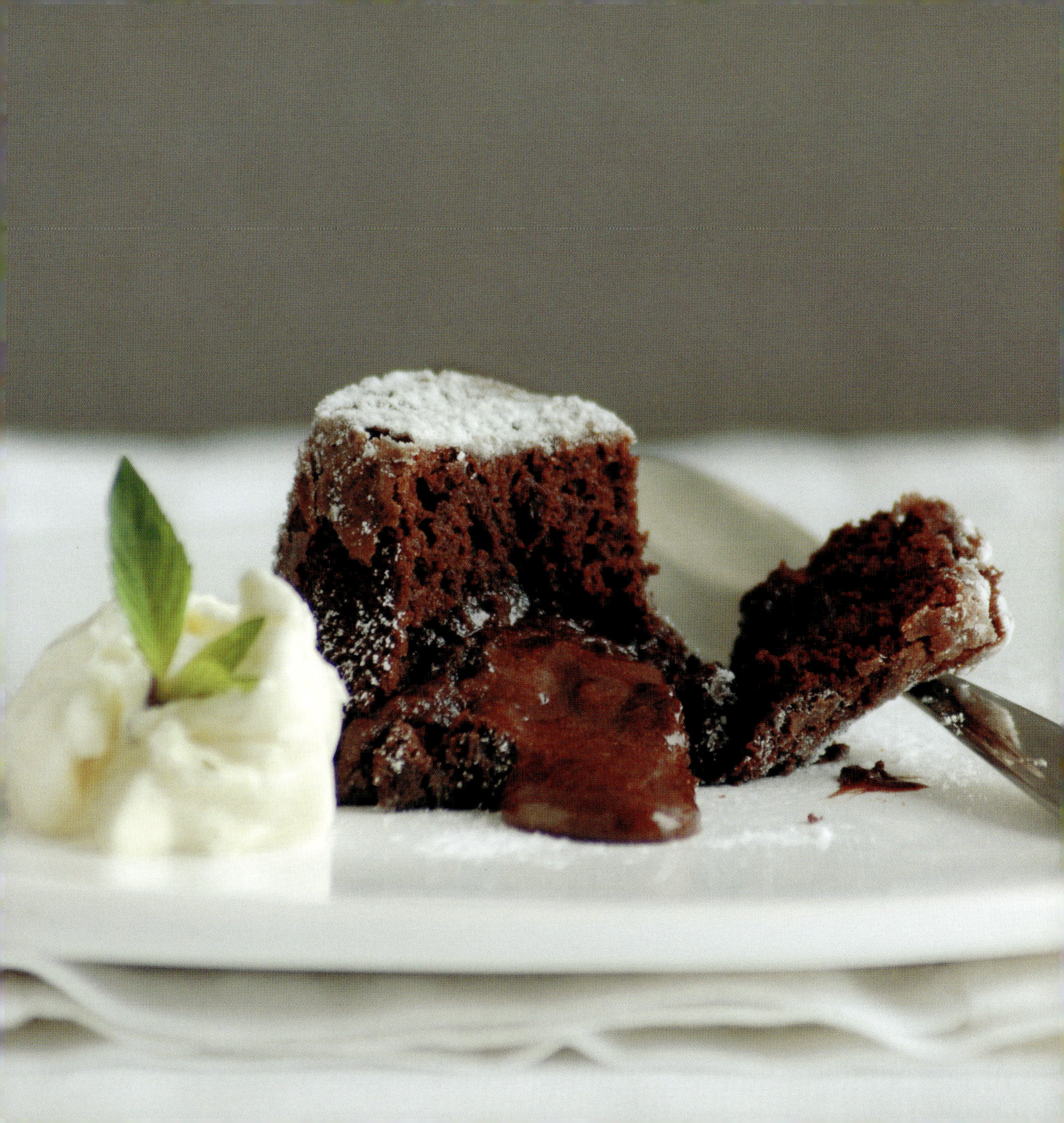

Tartas, postres y pasteles

Tarta ganache de chocolate

Un postre rico y abundante, para servir en porciones delgadas acompañadas de helado, después de una comida ligera, o bien como exquisitez para la hora del té.

INGREDIENTES

Para la masa:

300 g / 10 $\frac{1}{2}$ oz de harina

1 pizca de sal

100 g / 3 $\frac{1}{2}$ oz de azúcar extra fino/glas/impalpable

150 g / 5 oz de mantequilla/manteca

1 huevo

1 cdita. de extracto de vainilla

Para el relleno:

400 ml de crema de leche

150 ml de leche

50 g / 1 $\frac{1}{2}$ oz de mantequilla/manteca

50 g / 1 $\frac{1}{2}$ oz de azúcar

400 g / 14 oz de chocolate

2 yemas

1 huevo

Rinde para 16 personas

PREPARACIÓN

La masa: tamizar la harina. Colocar todos los ingredientes secos en el procesador, agregar la mantequilla bien fría en cubitos y procesar hasta lograr un arenado, o bien trabajar en un recipiente con un tenedor hasta lograr ese resultado. Incorporar el huevo y la vainilla, y terminar de integrar. Cubrir con papel plástico transparente y dejar reposar en el refrigerador durante 30 minutos. Estirar suavemente la masa con un rodillo de amasar, en la mesa enharinada, hasta unos 5 mm de espesor (no demasiado finita), y forrar una tartera de base desmoldable, de 28 cm de diámetro aproximadamente. Cocinar en horno moderado (180ºC) hasta que esté apenas dorada. Retirar y enfriar.

El relleno: calentar la crema, la leche, la mantequilla y el azúcar hasta que rompa el hervor. Retirar del fuego y volcar sobre el chocolate picado. Dejar reposar unos minutos y revolver hasta que la preparación quede homogénea. Incorporar las yemas, el huevo y mezclar. Pasar por un colador para que quede bien lisa y volcar sobre la tarta. Cocinar en el horno a temperatura baja (160ºC) durante 30 minutos, hasta que esté apenas firme en los bordes. Apagar el horno y dejar la tarta $\frac{1}{2}$ hora más. Para servirla, su mejor punto es tibia o a temperatura ambiente. Si se hace con anticipación, conservar en el refrigerador pero sacarla 2 horas antes de servir.

Se puede acompañar con cucharadas de helado de crema.

Bizcochuelo extra fudge

INGREDIENTES

1 1/4 taza de harina leudante

1 cdita. de bicarbonato de sodio

180 g / 6 oz de mantequilla/manteca a temperatura ambiente

1 1/4 taza de azúcar

4 yemas

4 claras

1/3 taza de whisky o cognac, entibiado

1 cda. de extracto de vainilla

315 g / 11 oz de chocolate semiamargo, en trocitos

Para la cubierta o cobertura:

250 g / 9 oz de chocolate semiamargo

1 taza de crema de leche

Rinde para 12 personas

El mejor de todos los pasteles: el de chocolate con chocolate. La clave es la calidad del chocolate: es indispensable usar el mejor que se pueda conseguir.

PREPARACIÓN

En un recipiente, mezclar la harina con el bicarbonato y reservar. Con batidora eléctrica, batir la mantequilla hasta que esté blanda, agregar gradualmente una taza de azúcar y seguir batiendo hasta que esté espumosa (es muy importante que esta crema quede ligera). Incorporar las yemas, una a una, el whisky o cognac y la vainilla. Derretir el chocolate *(como se explica en la pág. 2)* e incorporar a la crema, batiendo suavemente.

En otro recipiente, batir las claras hasta que queden espumosas, incorporar el resto del azúcar (1/4 de taza) en forma de lluvia y seguir batiendo hasta que estén firmes y brillantes.

Incorporar en la mezcla de chocolate, en forma alternada y con movimientos envolventes, la harina y las claras. Volcar el batido en un molde redondo de 25 cm de diámetro, previamente enmantequillado y enharinado. Cocinar en horno precalentado a 180ºC durante una hora. Dejar enfriar en el molde y luego desmoldar.

La cubierta: picar el chocolate. Calentar la crema hasta que esté a punto de hervir. Volcarla sobre el chocolate y dejar reposar durante 2 minutos. Revolver hasta integrar y dejar enfriar.

Llevar al refrigerador hasta que tome consistencia de pomada. Cubrir todo el pastel con la crema de chocolate. Con un peine de pastelería o con un tenedor, rallar decorativamente la superficie del pastel como así también los costados.

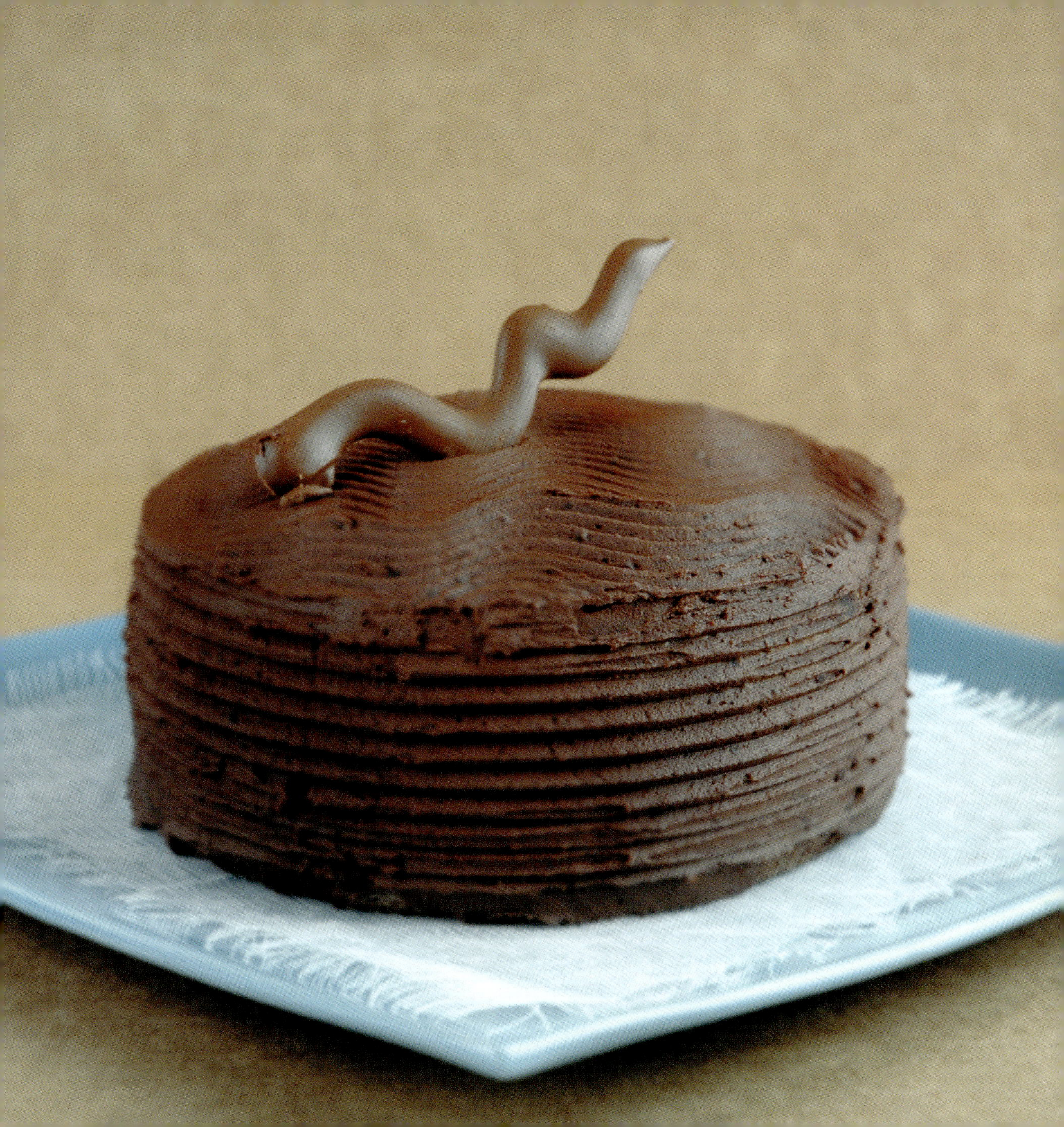

Tarta crocante con almendras

INGREDIENTES

120 g / 4 oz de galletitas/
bizcochitos de chocolate

100 g / 3 １/2 oz de mantequilla/
manteca derretida

250 g / 9 oz de almendras enteras
sin pelar

250 g / 9 oz de azúcar

80 ml de agua

200 g / 7 oz de chocolate

3 huevos

2 claras

150 ml de crema de leche

2 cdas. de azúcar

Rinde para 10-12 personas

La textura húmeda del relleno junto con el crocante del praliné forma una combinación fantástica en esta tarta, que será unánimemente aplaudida.

PREPARACIÓN

Moler las galletitas y colocarlas en un recipiente, agregar la mantequilla y mezclar hasta unir bien. Volcar en una tartera desmoldable y esparcir hasta cubrir toda la superficie, emparejándola con el dorso de una cuchara. Cocinar en horno a temperatura fuerte (220ºC) durante 5 minutos. Retirar y dejar enfriar.
Hacer un praliné con las almendras, 200 g / 7 oz de azúcar y el agua *(ver más abajo)*. Batir los huevos con los restantes 50 g / 1 １/2 oz de azúcar hasta que estén espumosos y pálidos. Picar y derretir el chocolate *(como se explica en la pág. 2)*, y agregarlo a la preparación anterior, así como la crema y el praliné, reservando un par de cucharadas del mismo para decorar. Volcar toda la preparación en el molde con la base de galletitas. Batir las claras hasta que estén espumosas, agregar 2 cucharadas de azúcar y seguir batiendo hasta que estén firmes y brillantes. Esparcir el merengue con una espátula sobre el relleno de chocolate. Cocinar en horno moderado (180ºC) durante 30 minutos. Dejar enfriar y llevar al refrigerador durante 2 horas. Decorar con el praliné reservado.

Praliné
Colocar y extender los frutos secos (en este caso, almendras) en una bandeja para horno levemente aceitada o en una superficie de silicona. Hacer un caramelo dorado *(ver pág. 13)* con el azúcar y el agua. Volcar rápidamente sobre las almendras. Dejar enfriar y, en el procesador o licuadora, moler hasta obtener un polvo grueso o praliné.

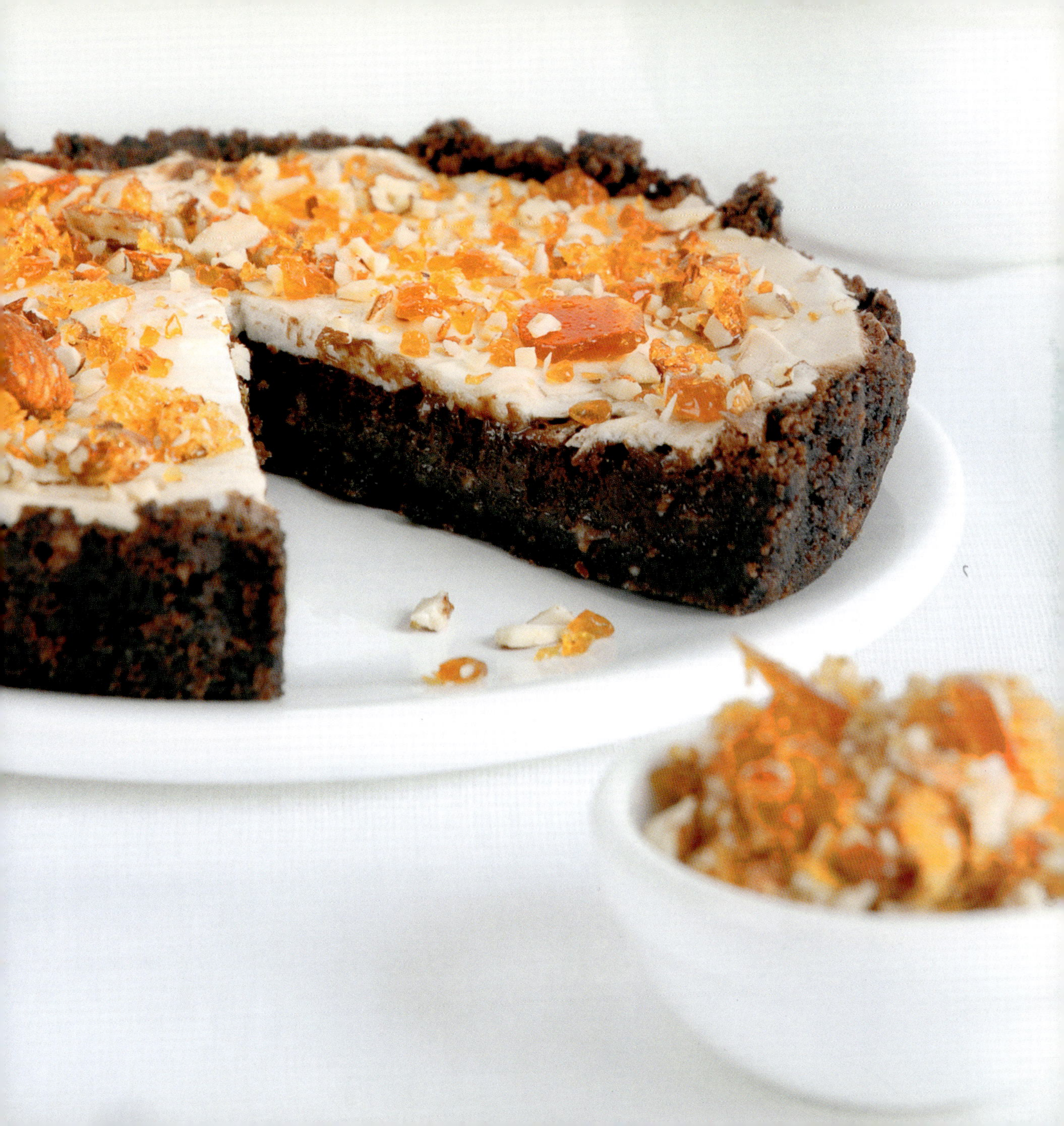

Semifreddo de chocolate con avellanas y café

INGREDIENTES

100 g / 3 ½ oz de azúcar
30 ml de agua
100 g / 3 ½ oz de avellanas*
200 ml de crema de leche
150 g / 5 oz de azúcar
4 claras
200 g / 7 oz de chocolate
1 cda. de café instantáneo o soluble

Rinde para 12 personas

* Se pueden reemplazar por almendras o nueces.

Un postre ideal para preparar por adelantado y ganar tiempo. Es una celebración del helado de chocolate, una versión sorprendente por la textura y exquisita por la combinación de gustos.

PREPARACIÓN

Con el azúcar, agua y avellanas, hacer un praliné *(ver pág. 24)*. Batir la crema a medio punto *(ver pág. 5)* con 50 g / 1 ½ oz de azúcar. Por separado, batir las claras hasta que estén espumosas, luego incorporar los 100 g / 3 ½ oz de azúcar restante en forma de lluvia y continuar batiendo hasta que estén firmes y brillantes. Picar el chocolate y derretirlo *(como se explica en la pág. 2)*. Agregarle el café y mezclar. Luego, integrar con las claras batidas. A continuación, incorporar el praliné y, por último, la crema. Colocar la preparación en un molde alargado, forrado con papel de aluminio (puede ser uno de silicona, sin forrar) y llevar al congelador durante 4 horas. Desmoldar y decorar con avellanas picadas y un poco de caramelo líquido *(ver abajo)*. Conservar en el congelador.

Caramelo líquido
En una cacerolita calentar 100 g / 3 ½ oz de azúcar con unas gotas de agua, hasta que quede dorada y oscura. En ese momento, agregarle 4 cucharadas de agua hirviendo (con cuidado, porque chisporrotea) y disolver completamente a fuego bajo. Sacar del fuego, enfriar y conservar en frasco de vidrio, para usar como una miel.

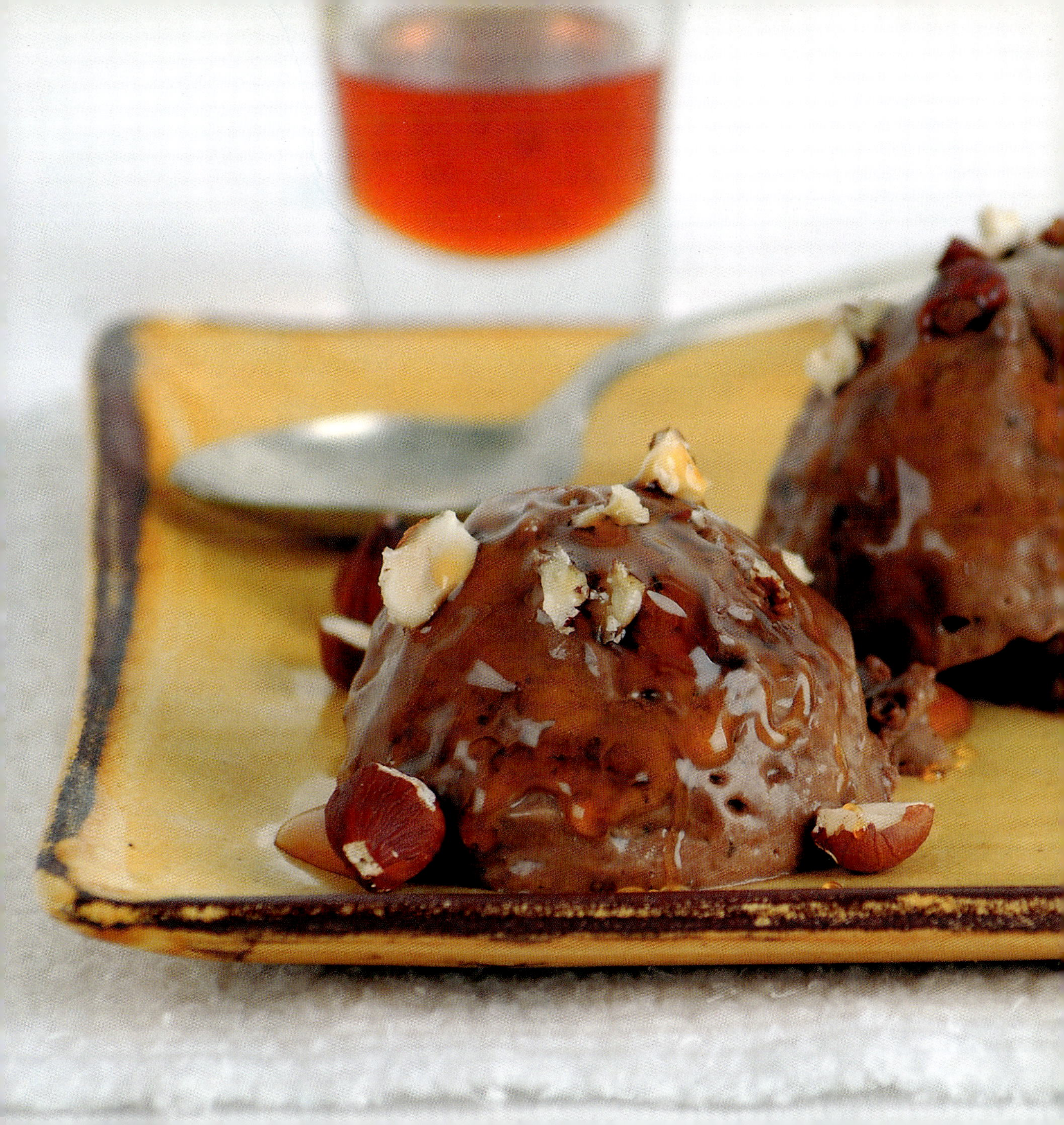

Cheesecake de chocolate y café

INGREDIENTES

360 g / 12 ½ oz de galletitas/bizcochitos de chocolate bien negras, tipo *Oreo*

150 g / 5 oz de mantequilla/manteca

150 g / 5 oz de ricota

200 g / 7 oz de azúcar

500 g / 17 oz de queso crema

150 ml de crema de leche

300 g / 10 ½ oz de chocolate

3 cditas. de café instantáneo o soluble

250 ml de agua

6 huevos

1 cdita. de extracto de vainilla

Rinde para 16 personas

El celebrado cheesecake, en esta variante de chocolate, resulta muy rico y generoso. Para servir porciones moderadas, y así saborearlo mejor.

PREPARACIÓN

Moler 240 g / 8 ½ oz de galletitas y colocarlas en un recipiente, agregar la mantequilla derretida y mezclar hasta unir bien. Volcar en una tartera desmoldable y esparcir hasta cubrir toda la superficie, emparejándola con el dorso de una cuchara. Cocinar en el horno a temperatura fuerte (220ºC) durante 5 minutos. Retirar y dejar enfriar.

Batir la ricota con el azúcar hasta que quede cremosa. Añadir el queso crema y la crema de leche.

Picar el chocolate y derretirlo *(como se explica en la pág. 2)*.

Disolver el café en 250 ml de agua y agregarlo, junto con los huevos y la vainilla, a la mezcla de queso crema; por último, incorporar el chocolate derretido. Picar el resto de las galletitas en trozos medianos y agregarlos a la preparación. Volcarla sobre la base de galletitas. Cocinar en el horno precalentado a temperatura moderada (180ºC) durante una hora. Apagar el horno y dejarla enfriar allí.

Se puede decorar con frutos rojos como frambuesas, arándanos (foto) o, simplemente, espolvoreando la superficie con cacao en polvo.

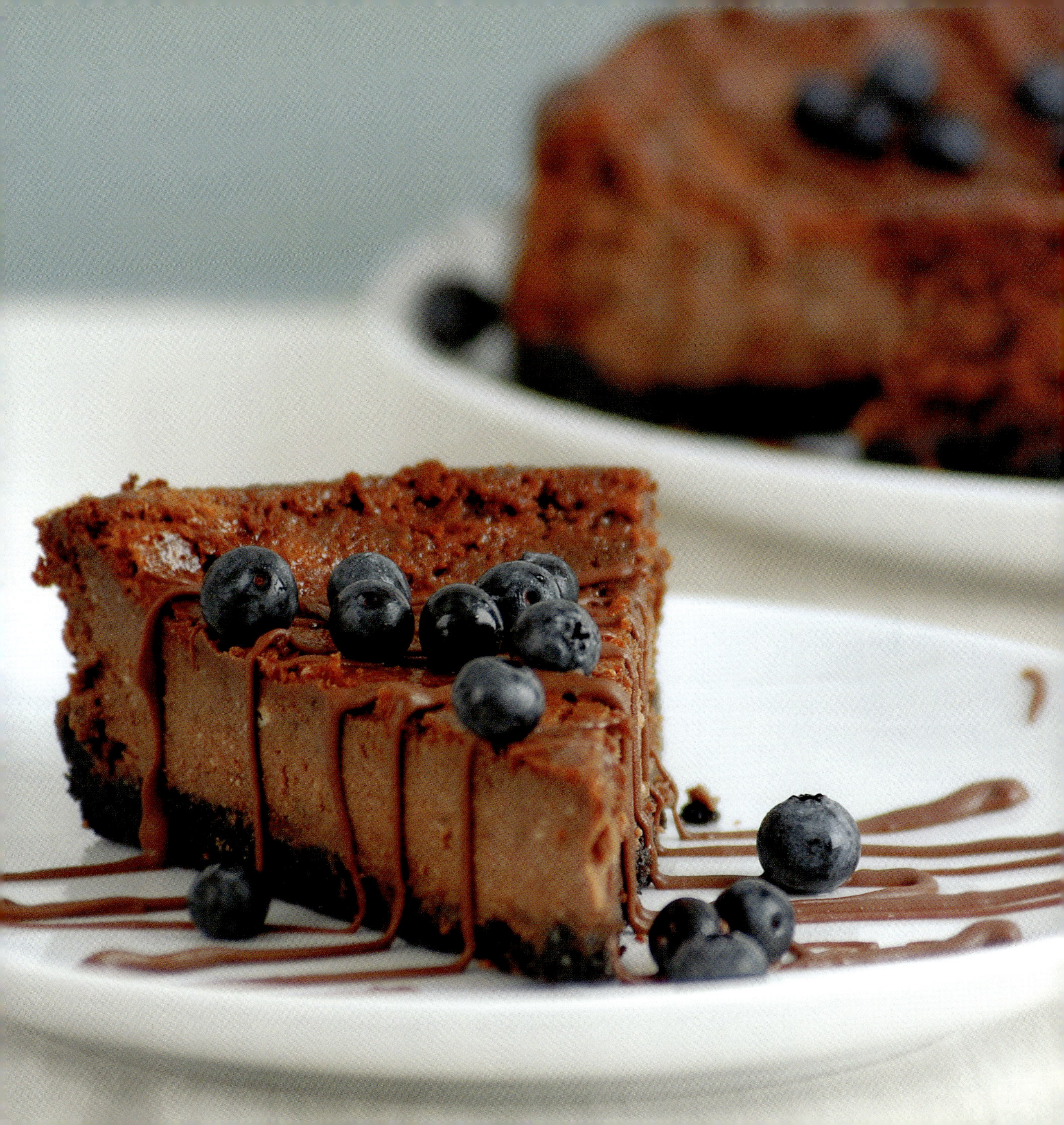

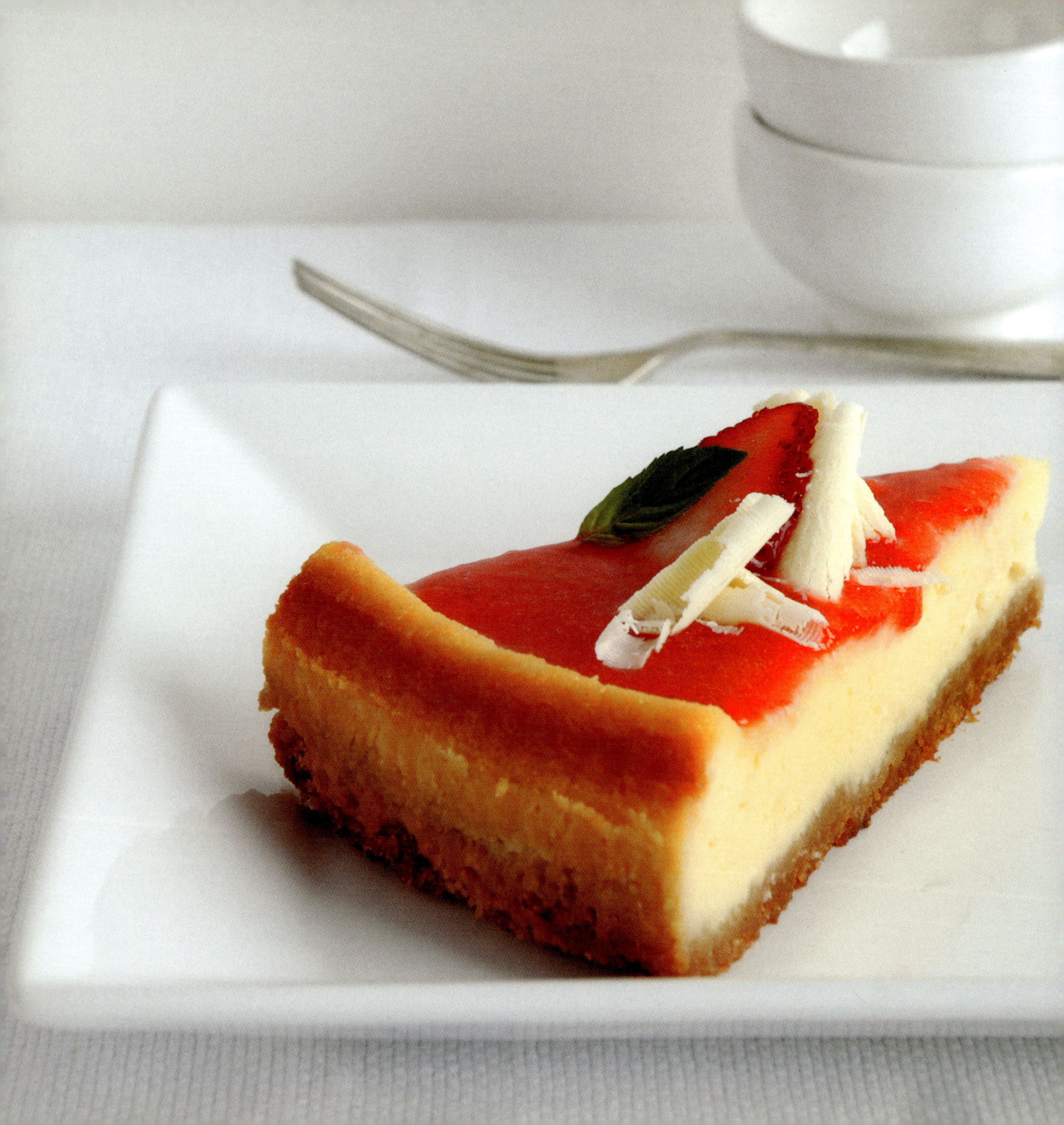

Cheesecake de chocolate blanco y frutos rojos

INGREDIENTES

240 g / 8 $^1/_2$ oz galletitas/bizcochitos de vainilla

150 g / 5 oz de mantequilla/manteca

150 g / 5 oz de ricota

250 g / 9 oz de azúcar

300 g / 10 $^1/_2$ oz de queso crema

300 g / 10 $^1/_2$ oz de queso tipo *Philadelphia**

150 ml de crema de leche

250 g / 9 oz de chocolate blanco

6 huevos

1 cdita. de extracto de vainilla

150 g / 5 oz de frutillas/fresas**

jugo de 1/2 limón

Rinde para 16 personas

* Se puede reemplazar por el mismo queso crema.

** Se pueden reemplazar por frambuesas, moras o arándanos, o una combinación de ellos.

Pocos notarán la sutileza de los ingredientes en este único cheesecake de chocolate blanco. Pero nadie dejará de maravillarse.

PREPARACIÓN

Moler las galletitas y colocarlas en un recipiente, agregar la mantequilla derretida y mezclar hasta unir bien. Volcar en una tartera desmoldable y esparcir hasta cubrir toda la superficie, emparejándola con el dorso de una cuchara. Cocinar en el horno a temperatura fuerte (220°C) durante 5 minutos. Retirar y dejar enfriar.
Batir la ricota con 200 g / 7 oz de azúcar hasta que quede cremosa. Añadir el queso crema, el queso *Philadelphia* y la crema de leche. Incorporar los huevos y la vainilla a la mezcla de queso crema. Picar el chocolate y derretirlo *(como se explica en la pág. 2)*. Agregarlo a la preparación y volcar la preparación sobre la base de galletitas. Cocinar en el horno precalentado a temperatura moderada (180°C) durante una hora. Apagar el horno y dejarla enfriar allí. Una vez fría, desmoldarla y colocarla en una fuente con borde. Procesar las frutillas con el resto del azúcar y el jugo de limón. Bañar la tarta y llevar al refrigerador durante 2 horas.

Postre helado de tres chocolates

INGREDIENTES

3 yemas

3 claras

50 g / 1 1/2 oz de azúcar

1 cda. de harina

300 ml de leche

2 sobres (de 7 g / 1/4 oz c/u) de gelatina sin sabor en polvo

300 ml de crema de leche

100 g / 3 1/2 oz de chocolate blanco

100 g / 3 1/2 oz de chocolate con leche

100 g / 3 1/2 oz de chocolate semiamargo

6 cdas. de azúcar

Rinde para 16 personas

La elegancia de este postre esconde la sencillez de su preparación: una opción excelente para una cena especial, con éxito asegurado.

PREPARACIÓN

Base común: en una cacerola mezclar, sin batir, las yemas con los 50 g / 1 1/2 oz azúcar y la harina. En otra, calentar la leche hasta que rompa el hervor. Fuera del fuego, volcarla sobre las yemas. Volver al fuego moderado y cocinar, siempre revolviendo, hasta que espese. Retirar. Hidratar la gelatina con 35 ml de agua. Calentarla 20 segundos en el microondas y volcarla sobre la preparación anterior, revolver e integrar. Dejar enfriar con un papel plástico transparente en la superficie, para evitar que se forme una película dura. Luego, batir la crema de leche a medio punto (*ver pág. 5*) y volcar sobre la preparación anterior. Dividirla en tres recipientes, por partes iguales.

Chocolates: derretir los tres chocolates por separado (*como se explica en la pág. 2*), distribuirlos en cada uno de los recipientes y mezclar.

Merengue: batir las claras hasta que estén espumosas. Luego agregar 6 cucharadas de azúcar en forma de lluvia y continuar batiendo hasta lograr un merengue firme y brillante. Dividirlo en tres partes y mezclar cada una, suavemente, con su chocolate.

Forrar con papel de aluminio un molde alargado, colocar en el fondo la preparación de chocolate blanco y llevar al congelador 20 minutos. A continuación, agregar la mezcla de chocolate con leche, y congelar otros 20 minutos. Por último, colocar la preparación de chocolate semiamargo y llevar al refrigerador 2 horas.

Desmoldar y adornar con chocolate blanco rallado grueso.

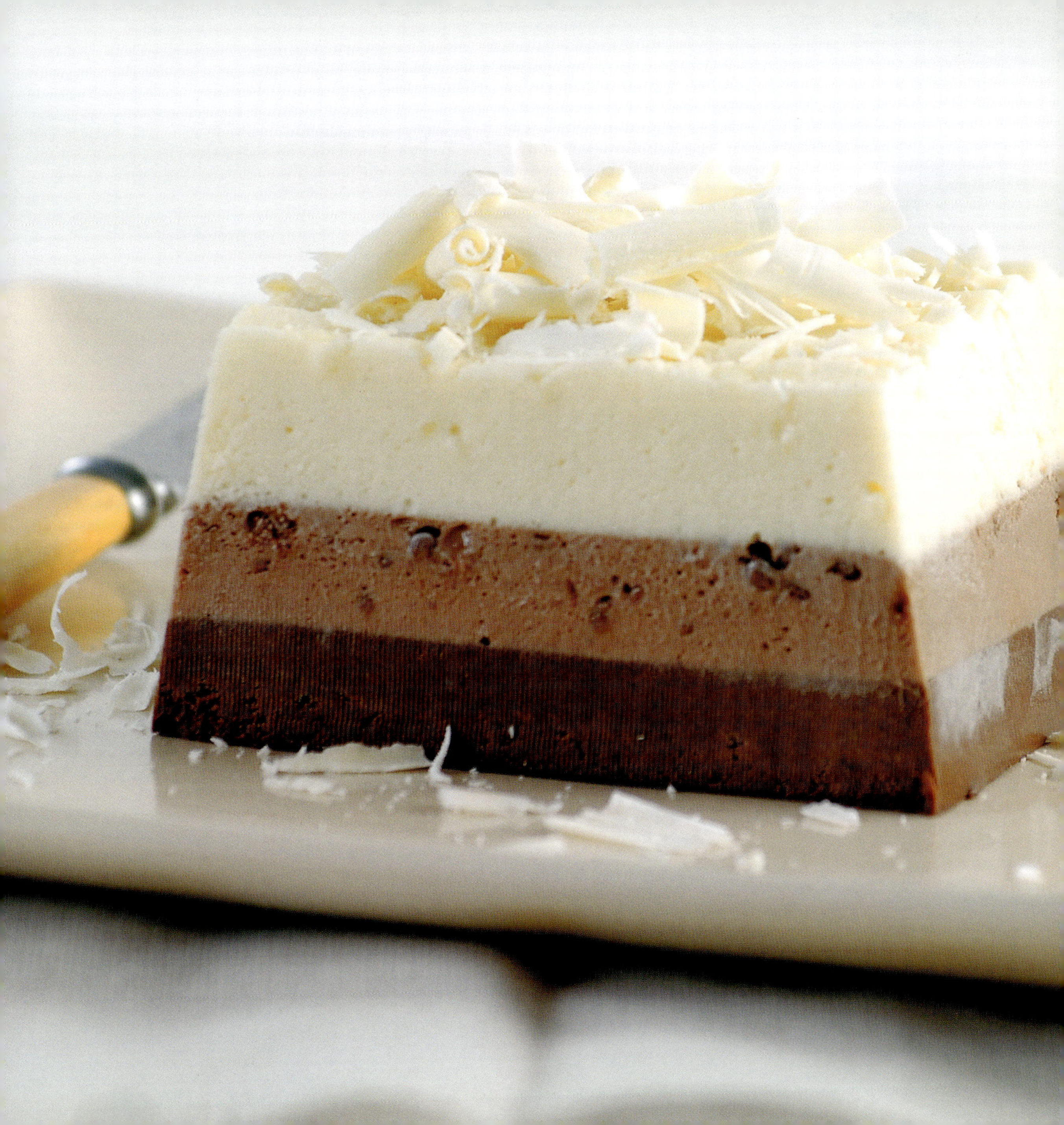

Marquise de chocolate al horno

INGREDIENTES

400 g / 14 oz de chocolate

1 taza de azúcar negra o rubia

120 g / 4 oz de mantequilla/ manteca

100 ml de crema de leche

2 cdas. de harina

5 huevos

Rinde para 10 personas

La receta perfecta de un favorito de siempre. Es, en pocas palabras, infalible e inolvidable.

PREPARACIÓN

Derretir el chocolate a fuego bajo con el azúcar, la mantequilla y la crema. Mezclar la harina con los huevos, batiendo para que no se hagan grumos. Verter la mezcla de chocolate sobre los huevos. Forrar un molde alargado con papel de aluminio y enmantequillarlo. Colocar la preparación adentro y cocinar en el horno durante una hora a temperatura baja (160ºC). Dejar enfriar y llevar al refrigerador durante una hora. (Si se conserva en el refrigerador, sacarlo 2 horas antes de servir, para que esté a temperatura ambiente). Desmoldarlo y servirlo decorando los platos con hojas de menta.

Se puede acompañar con crema inglesa (ver más abajo) saborizada con agua de rosas, o con una cucharada de helado de vainilla en cada porción.

Crema inglesa

Batir 4 yemas con 50 g / $1^{1}/2$ oz de azúcar hasta que estén pálidas. Calentar 2 tazas de leche con una cucharadita de extracto de vainilla y volcar sobre las yemas, revolviendo fuera del fuego. Volver a colocar sobre el fuego bajo, siempre revolviendo, con cuchara de madera, hasta que la preparación espese o cubra la cuchara. No pasarse de tiempo porque se cocinan las yemas. La crema inglesa o salsa inglesa es una salsa base para muchas otras preparaciones.

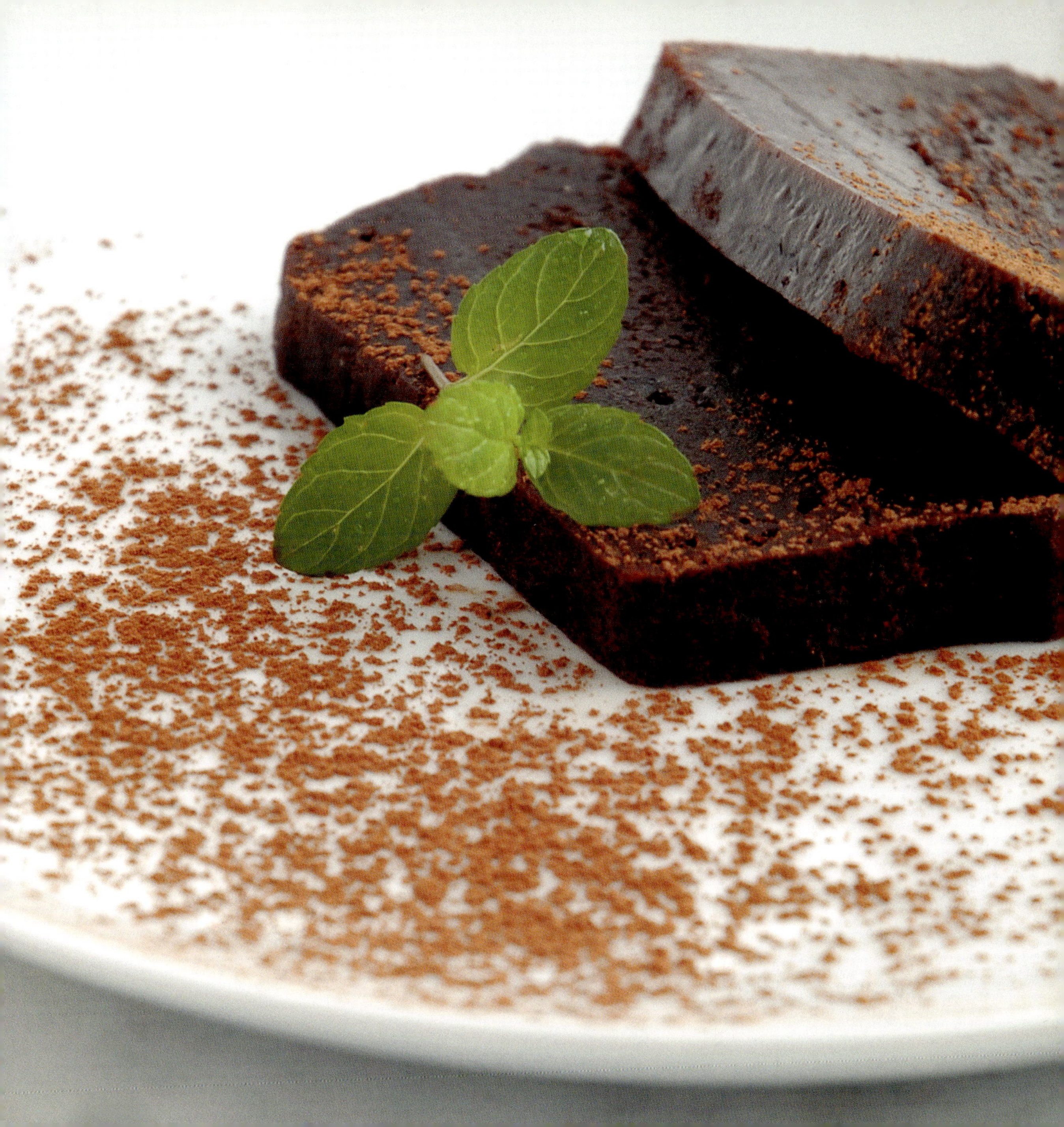

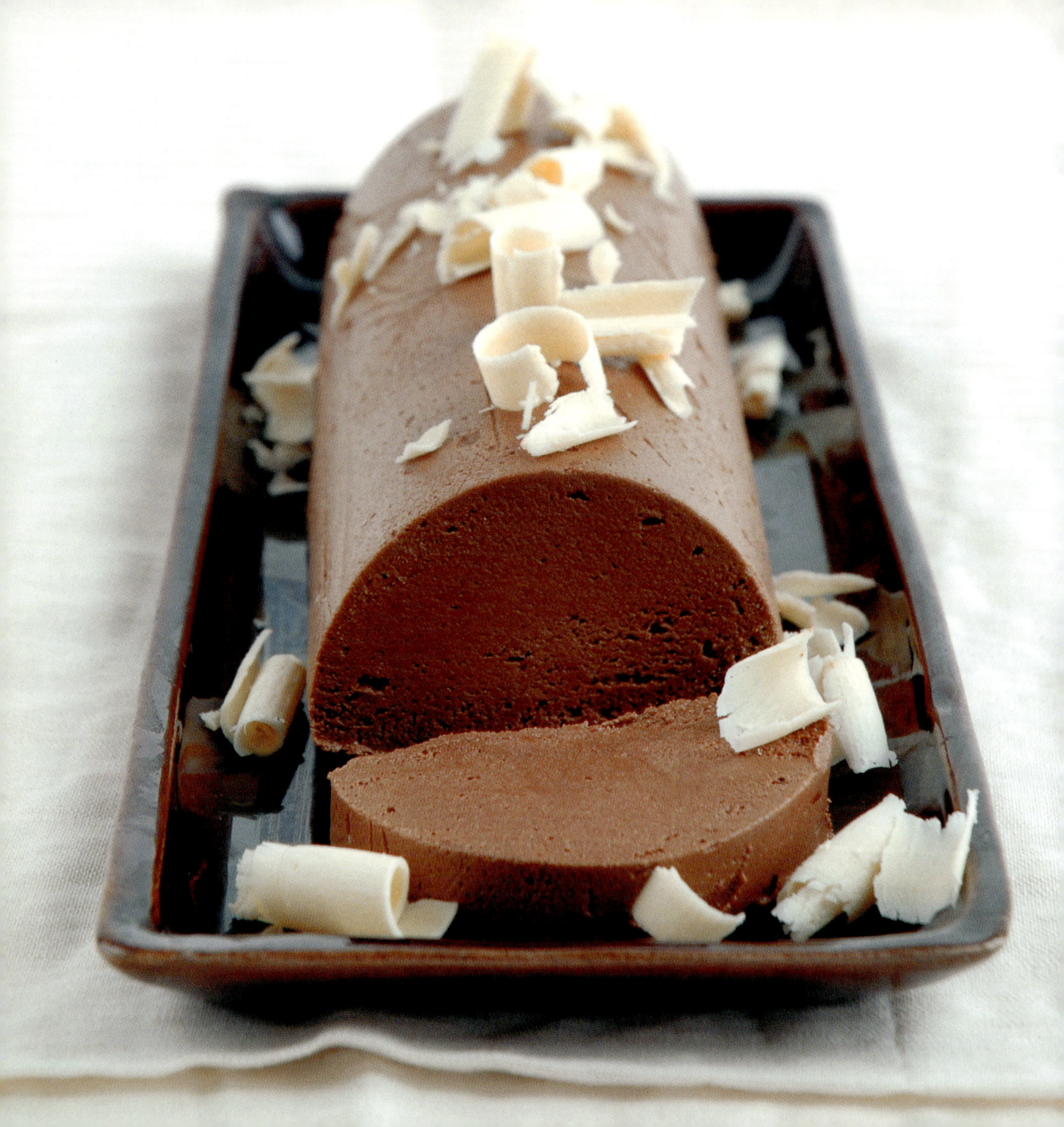

Marquise de chocolate sin horno

INGREDIENTES

125 g / 4 $^{1}/_{2}$ oz de mantequilla/manteca blanda

3 yemas

3 claras

100 g / 3 $^{1}/_{2}$ oz de azúcar extra fino/glas/impalpable

250 g / 9 oz de chocolate

100 ml de crema de leche

Rinde para 12 personas

La versión moderna y suave de la clásica Marquise. Simple y fresca, ideal para ofrecerla después de una comida ligera.

PREPARACIÓN
Mezclar la mantequilla con las yemas y el azúcar. Batir la crema a medio punto *(ver pág. 5)*. Por separado, batir las claras hasta que estén firmes. Picar el chocolate y derretirlo *(como se explica en la pág. 2)*. Incorporar el chocolate a la mantequilla. Luego agregar la crema y, por último, las claras batidas. Forrar un molde alargado con papel plástico transparente (puede ser uno de media caña, como se presenta en la foto). Volcar la preparación adentro y llevar al refrigerador durante, por lo menos, 4 horas. Decorar con rulos de chocolate blanco.

Dacquoise de almendras y ganache de chocolate

Este célebre pastel francés es fácil, original y resulta una auténtica delicia para sorprender en ocasiones especiales.

INGREDIENTES

200 g / 7 oz de chocolate

150 ml de crema de leche

8 claras

80 g / 3 oz de azúcar

200 g / 7 oz de azúcar extra fino/glas/impalpable

200 g / 7 oz de polvo de almendras o almendras molidas*

Rinde para 12 personas

* Para moler las almendras, tostarlas apenas en el horno, y procesarlas con una cucharada de azúcar extra fino. No dejar que se transforme en una pasta.

PREPARACIÓN

El relleno, la "ganache": picar el chocolate. Calentar la crema hasta su punto de ebullición y volcar sobre el chocolate. Dejar reposar durante unos minutos y revolver hasta integrar.

Las capas de merengue de almendras: batir las claras hasta que estén espumosas, agregar el azúcar en forma de lluvia y continuar batiendo hasta que estén firmes y brillantes. Mezclar el azúcar extra fino con el polvo de almendras e incorporar a las claras con movimientos envolventes. Colocar la preparación en una manga o dulla con boquilla lisa y realizar 4 discos de 20 cm de diámetro *(ver procedimiento en pág 16, aunque aquí sólo hacemos la base)*, sobre una bandeja para horno, forrada con papel encerado/enmantequillado. Espolvorear con azúcar extra fino y cocinar en el horno a temperatura moderada (180ºC) durante 20 minutos.

Armado de la dacquoise: dividir la ganache en 3 partes iguales. Colocar el primer disco en el plato de servir y untar en forma pareja con $1/3$ de la ganache. Repetir el proceso hasta tapar con el cuarto disco.

Nota sobre decoración: *aquí hemos optado por una presentación rústica; también se puede decorar cubriendo todo el borde con ganache (en este caso se divide en 4 partes, dejando $1/4$ para decorar), y espolvoreando la superficie con cacao en polvo tamizado.*

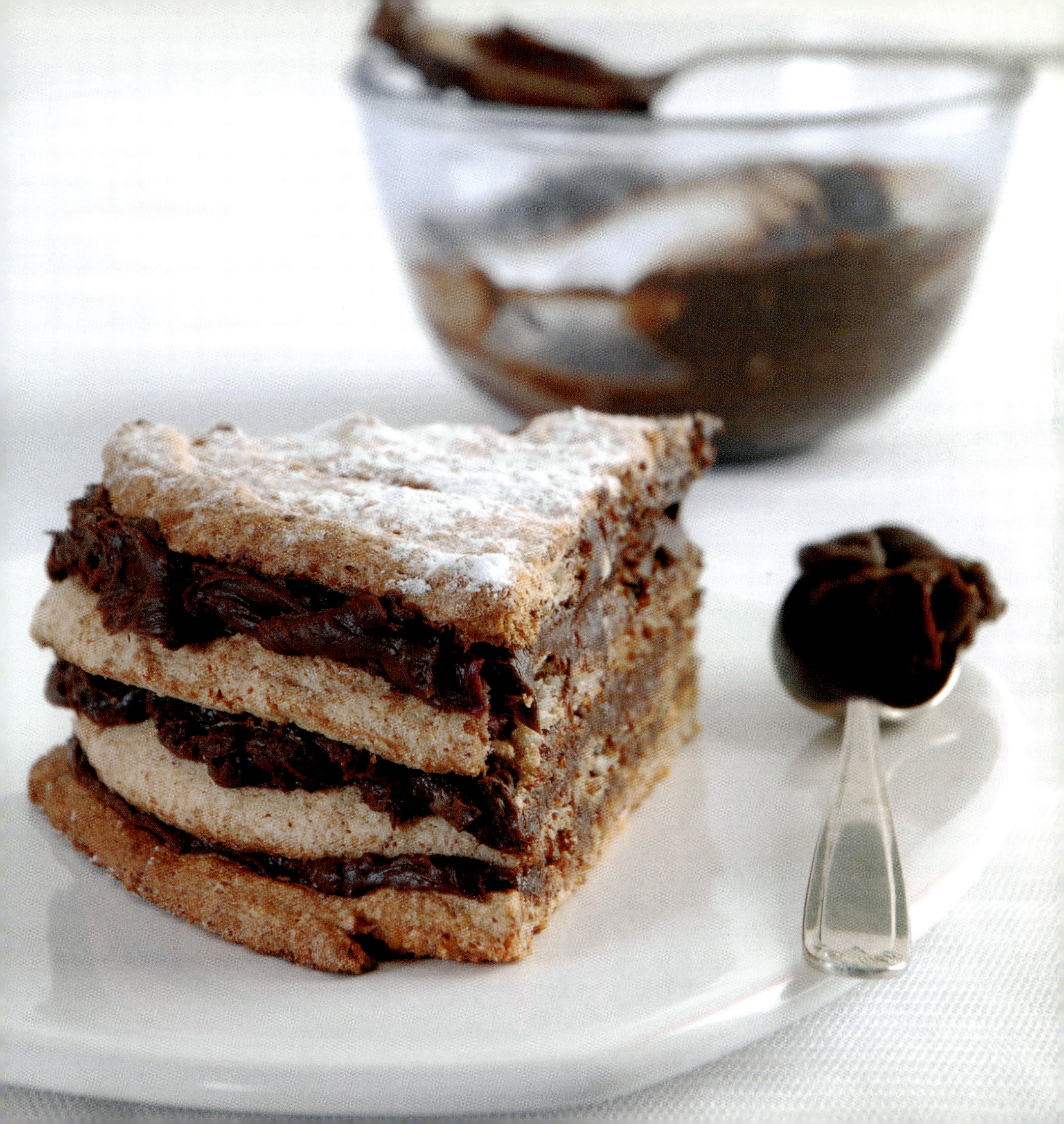

Cake de chocolate y plátano/banana

INGREDIENTES

2 plátanos/bananas medianas
200 g / 7 oz de mantequilla/manteca
200 g / 7 oz de azúcar
4 huevos
1 cda. de miel
170 g / 6 oz de harina
50 g / 1 $^{1}/_{2}$ oz de cacao en polvo
2 cditas. de polvo de hornear
1 pizca de sal

Rinde para 12 personas

Un cake negro con sabor a plátano… Misterioso y exquisito, para probar un bocado tras otro, mientras adivinamos de qué exótico lugar proviene esta receta. Ideal para acompañar el café o un té de frutas.

PREPARACIÓN

Pelar los plátanos, cortar en rodajas y aplastar con un tenedor hasta obtener un puré. Batir la mantequilla con el azúcar hasta que la mezcla esté bien cremosa. Añadirle los huevos, la miel y el puré de plátanos. Tamizar la harina con el cacao en polvo, el polvo de hornear y la sal. Agregar a la preparación anterior. Colocar la mezcla en un molde alargado, previamente enmantequillado y enharinado.
Cocinar en horno a temperatura moderada (180°C) durante 40 minutos o hasta que al introducir un palillo, éste salga seco. Desmoldar y dejar entibiar sobre una rejilla.

Se puede decorar simplemente espolvoreándolo con azúcar extra fino, o bien bañándolo desordenadamente con un glacé (ver más abajo).

Glacé
Mezclar 250 g / 9 oz de azúcar extra fino con una clara de huevo. Revolver con cuchara de madera hasta que la preparación quede lisa y de consistencia ligera. Utilizarlo rápidamente porque en poco tiempo se seca y endurece.

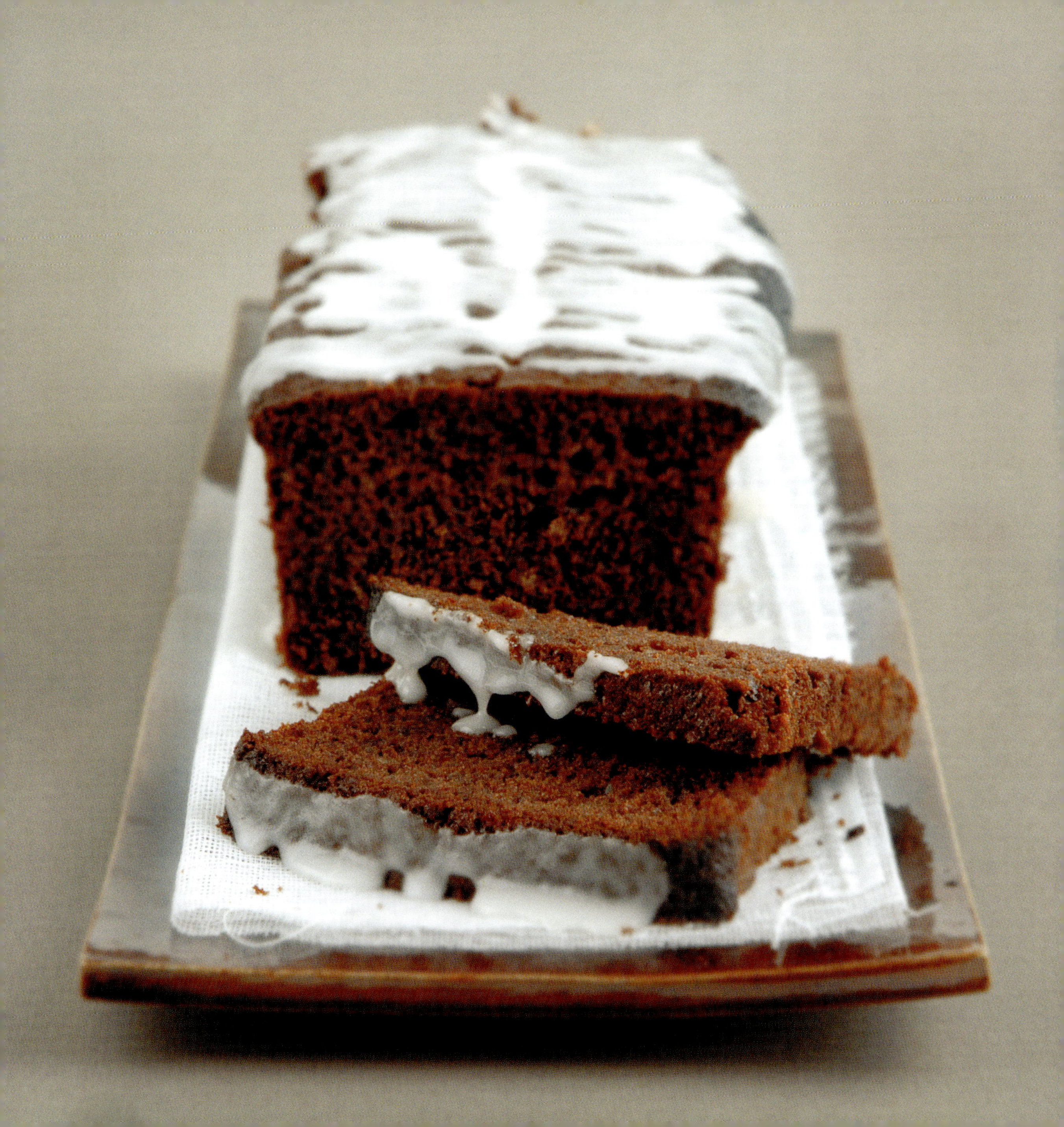

Pastelitos, galletitas y bocaditos

Brownies con maní/cacahuates

En ninguna mesa para la hora del té debería faltar un plato con brownies. Menos aún, en una fiesta con niños.

INGREDIENTES

250 g / 9 oz de chocolate

180 g de mantequilla/manteca a temperatura ambiente

250 g / 9 oz de azúcar extra fino/glas/impalpable

200 g / 7 oz de azúcar

6 huevos

1 cdita. de extracto de vainilla

250 g / 9 oz de harina

1 pizca de sal

150 g / 5 oz de maní/cacahuate tostado, no salado, entero o en mitades*

Rinde 20 unidades

* Se puede reemplazar por otro fruto seco como nueces, almendras o avellanas.

PREPARACIÓN

Batir la mantequilla con el azúcar extra fino y el azúcar común hasta obtener una preparación bien cremosa. Picar el chocolate y derretirlo *(como se explica en la pág. 2)*. Agregar el chocolate derretido, luego los huevos de a uno, la vainilla, la harina previamente tamizada con la sal y, finalmente, el maní.
Extender en forma pareja sobre una bandeja para horno de 25 x 35 cm forrada con papel encerado, enmantequillado. Cocinar en el horno precalentado a 180°C hasta que la preparación esté firme en los bordes pero húmeda en el interior (aproximadamente 25 minutos).
Dejar enfriar. Desmoldar y cortar en cuadrados de 5 x 5 cm.

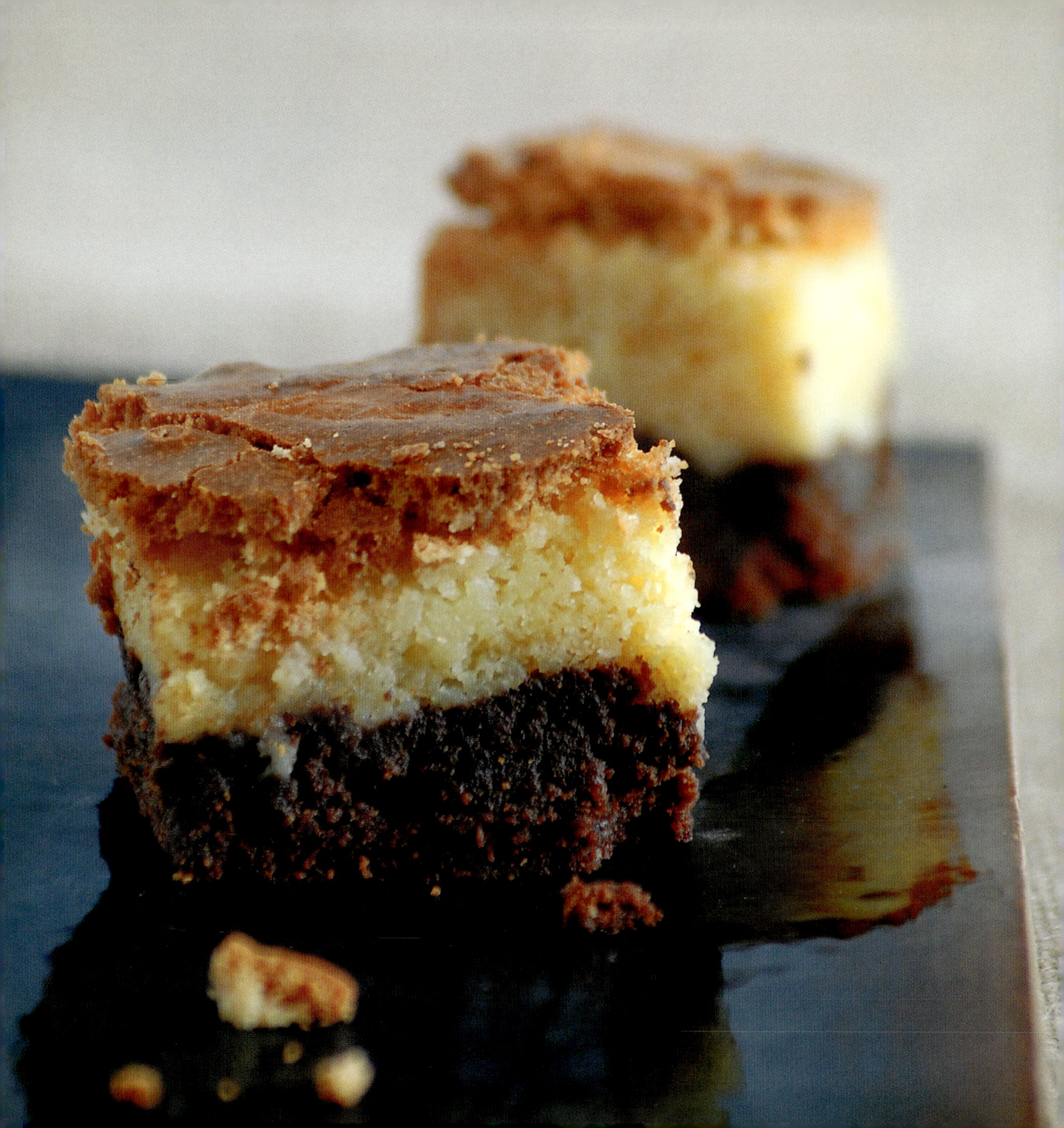

Brownies de dos colores

Una variante original y moderna de los clásicos brownies, cuyo origen se remonta al final del siglo XIX en Estados Unidos, y cuya popularidad hoy ha llegado a todo el mundo.

INGREDIENTES

Para la capa de chocolate amargo:

120 g / 4 oz de mantequilla

220 g / 8 oz de azúcar

3 huevos

200 g / 7 oz de chocolate amargo

150 g / 5 oz de harina

1 cdita. de polvo de hornear

Para la capa de chocolate blanco:

120 g / 4 oz de mantequilla/manteca

220 g / 8 oz de azúcar

3 huevos

200 g / 7 oz de chocolate blanco

150 g / 5 oz de harina

1 cdita. de polvo de hornear

Rinde 24 unidades

PREPARACIÓN

El procedimiento consiste en preparar por separado la mezcla de chocolate amargo y la de blanco, y luego extenderlas una sobre otra para formar las dos capas que luego tendrán los brownies.

La capa de chocolate amargo: batir la mantequilla con el azúcar, agregar los huevos de a uno y continuar batiendo hasta integrar. Derretir el chocolate amargo *(como se explica en la pág. 2)*, agregarlo y mezclar. Por último, incorporar la harina previamente tamizada con el polvo de hornear. Volcar la preparación en un molde rectangular forrado con papel encerado, enmantequillado, y extenderla hacia los bordes hasta que quede una capa pareja.

La capa de chocolate blanco: seguir el mismo procedimiento y volcar la preparación sobre la capa de chocolate amargo, extendiéndola hasta cubrir toda la superficie. No importa si las dos preparaciones se mezclan un poco, ya que queda con un atractivo efecto marmolado o veteado. Cocinar en el horno precalentado a 180°C hasta que la preparación esté firme en los bordes pero húmeda en el interior (aproximadamente 25 minutos). Dejar enfriar. Desmoldar y cortar en cuadrados de 5 x 5 cm.

Cookies con chips de chocolate

INGREDIENTES

250 g / 9 oz de mantequilla/ manteca a temperatura ambiente

250 g / 9 oz de azúcar

1 cdita. de extracto de vainilla

1 huevo

300 g / 10 $^1/_2$ oz de harina

150 g / 5 oz de chips de chocolate*

Rinde 24 cookies

* Los chips de chocolate suelen venderse ya listos, pero si no, se obtienen simplemente picando chocolate, previamente refrigerado, en trocitos del tamaño de un grano de café.

Como ha sucedido con algunas recetas famosas, esta fue producto de la casualidad más que de la premeditación. Al quedarse sin chocolate en polvo para sus galletas, una célebre repostera de Massachussets, Estados Unidos, usó trocitos de una barra, creyendo que se fundirían con la masa en el horno. En su lugar, nació esta deliciosa galleta con sorpresas de chocolate, hoy considerada universalmente "la reina" de las cookies.

PREPARACIÓN

Batir la mantequilla con el azúcar durante 5 minutos. Incorporar la vainilla y el huevo y seguir batiendo. Agregar la harina tamizada y mezclar con una espátula. Por último, añadir los chips de chocolate. En una bandeja para horno enmantequillada y enharinada, colocar cucharadas bien parejas de la preparación, del tamaño de una nuez, separadas entre sí, porque al cocinarse se expanden. Cocinar en el horno a temperatura fuerte (220ºC) durante 15 minutos. Dejar enfriar sobre una rejilla. Una vez frías, guardarlas en un recipiente hermético, ya que pierden su consistencia crocante con la humedad ambiental.

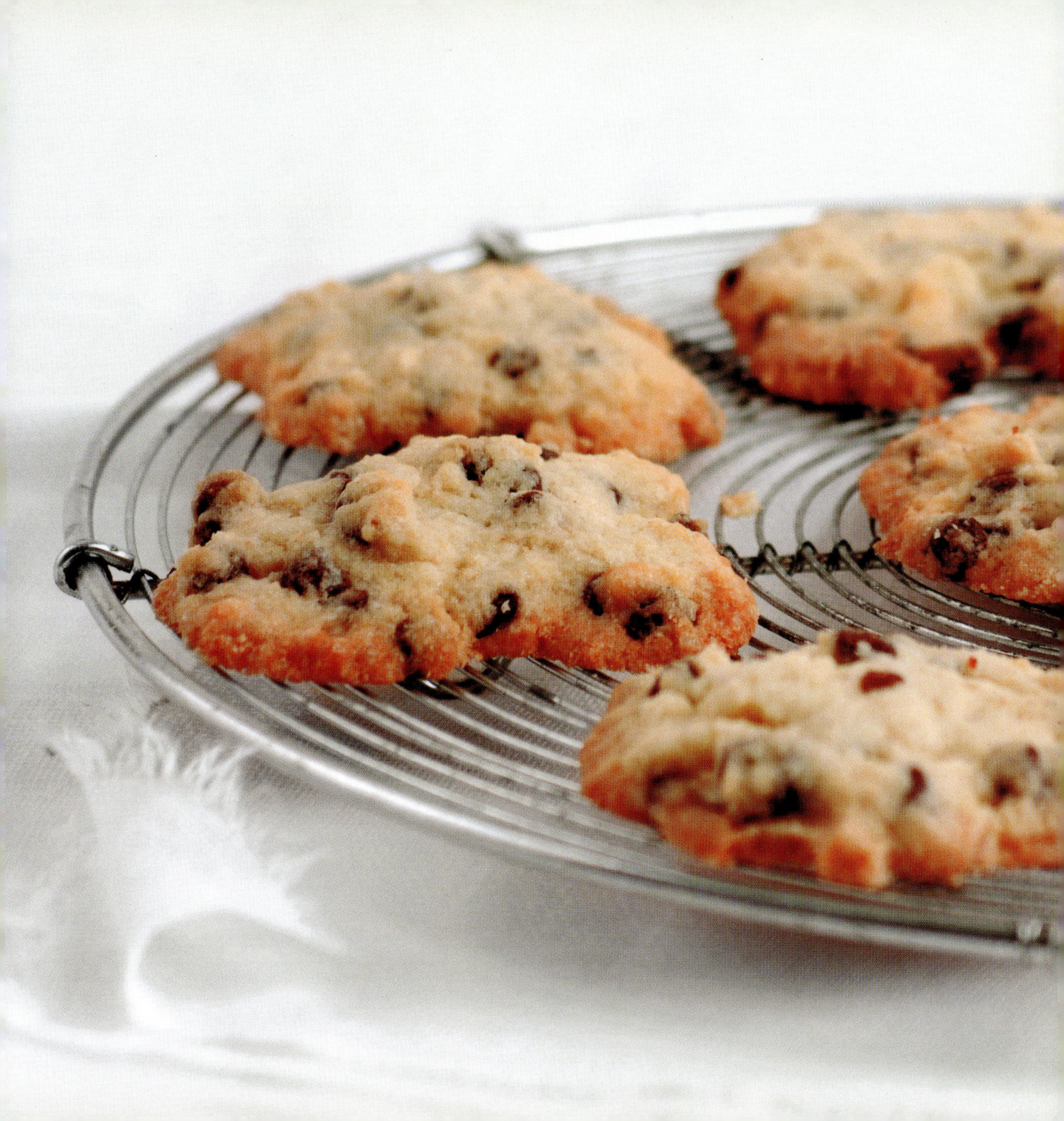

Copitos nevados en chocolate blanco

INGREDIENTES

180 g / 6 oz de mantequilla/manteca a temperatura ambiente

90 g / 3 oz de azúcar extra fino/glas/impalpable

1 huevo

220 g / 8 oz de harina

50 g / 1 ½ oz de cacao en polvo semiamargo

200 g / 7 oz de baño de chocolate blanco picado*

Rinde 32 copitos

* Se puede reemplazar directamente por chocolate blanco derretido como se explica en pág 2.

Suaves y crocantes, estas galletas o masitas son el complemento perfecto para el café, adornando en forma elegante el final de una comida.

PREPARACIÓN

Batir la mantequilla con el azúcar. Agregar el huevo y continuar batiendo hasta que la preparación quede totalmente integrada. Tamizar la harina con el cacao. Incorporar al batido de mantequilla, sin batir. Colocar la preparación dentro de una manga o dulla con boquilla dentada grande. Formar los copitos sobre una bandeja para horno enmantequillada y enharinada. Cocinar en el horno precalentado a temperatura moderada (180ºC) durante 15 minutos. Dejar enfriar. En un recipiente de vidrio o cerámica, calentar el baño de chocolate blanco en el microondas. Sumergir la parte superior de los copitos dentro del baño, retirar y dejar enfriar.

Bombones de chocolate y nuez

INGREDIENTES

1 taza de galletitas/bizcochitos de chocolate molidas

2 cdas. de dulce de leche repostero/cajeta/manjar blanco*

2 cdas. de nueces picadas

150 g / 5 oz de baño de chocolate *(ver pág. 3)*

3 cdas. de cacao en polvo semiamargo

Rinde 24 bombones

* El dulce de leche se puede obtener fácilmente en casa, hirviendo una lata cerrada de leche condensada durante 40 minutos en una cacerola con agua. Antes de abrirla, deberá estar completamente fría. De todas formas, como opción en esta receta, se puede utilizar almíbar a punto de bolita blanda *(ver pág. 6)*.

Estas bolitas son fáciles de hacer en casa, atractivas y tentadoras. Perfectas para cerrar una gran cena, acompañando el café y los licores. O para regalar en cajitas decoradas.

PREPARACIÓN

Mezclar las galletitas con el dulce de leche y las nueces. Tomar pequeñas porciones, e ir formando bolitas y colocarlas en una bandeja. Picar y derretir el baño de chocolate en el microondas. Cubrir las bolitas con el baño de chocolate, moviéndolas hasta que queden homogéneas. Llevar al refrigerador. Espolvorear con cacao en polvo.

Pueden conservarse a temperatura ambiente, salvo en temporadas muy calurosas, en cuyo caso es mejor hacerlo en el refrigerador.

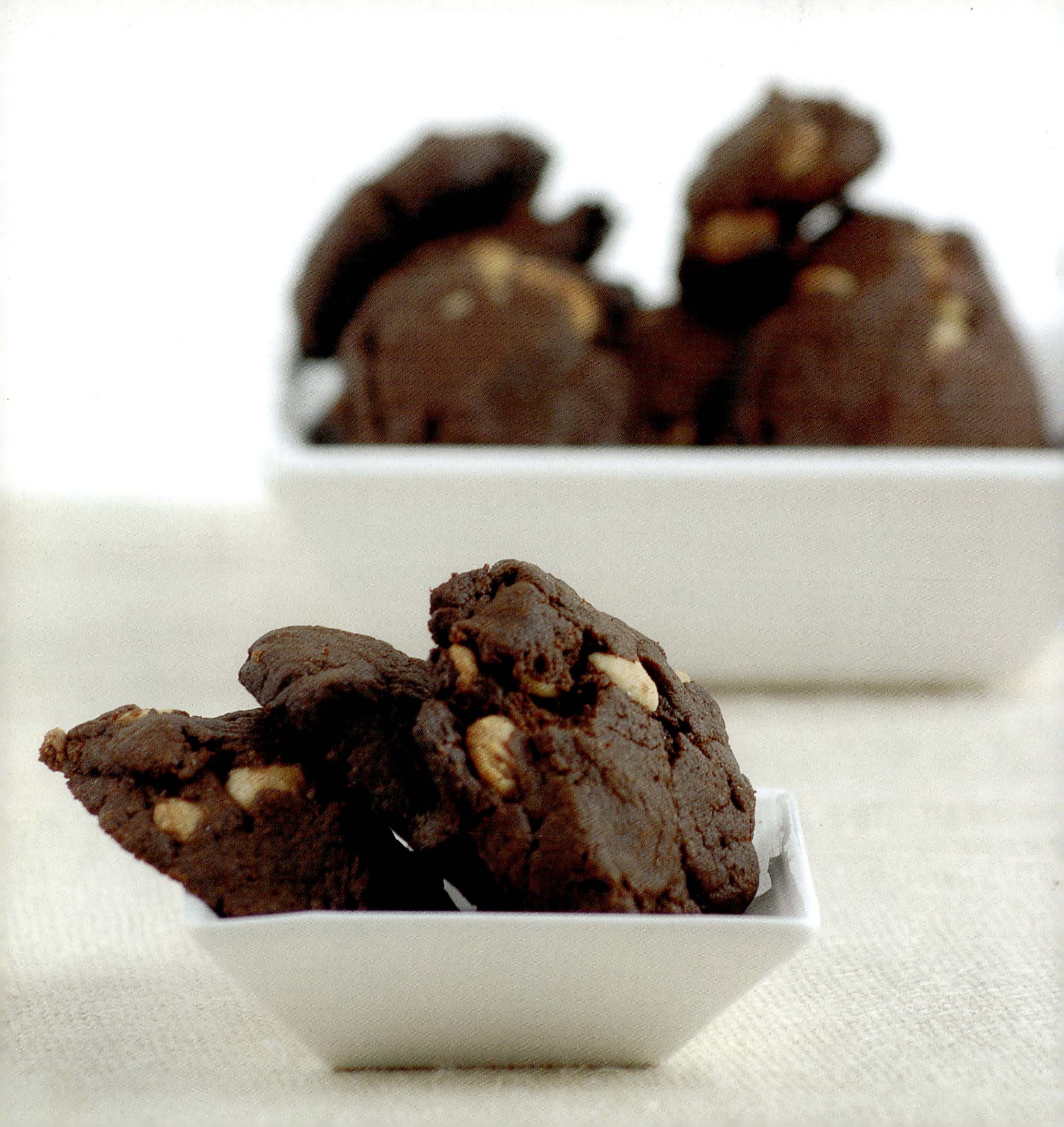

Cookies con doble chocolate

INGREDIENTES

120 g / 4 oz de mantequilla/manteca

50 g / 1 1/2 oz de azúcar negra/morena

1 huevo

ralladura de 1 naranja

100 g / 3 1/2 oz de harina

30 g / 1 oz de cacao en polvo semiamargo

1 pizca de sal

1 cdita. de polvo de hornear

120 g / 4 oz de chocolate

150 g / 5 oz de chips de chocolate o chocolate picado

Rinde 24 cookies

Las clásicas cookies, en una versión para súper golosos: masa de chocolate con chips de chocolate. Se pueden hacer en tamaño miniatura y presentar como petit fours para el café.

PREPARACIÓN

Batir la mantequilla con el azúcar hasta que esté cremosa. Agregar el huevo, la ralladura de naranja y continuar batiendo. Tamizar la harina con el cacao en polvo, la sal y el polvo de hornear. Picar y derretir el chocolate *(como se explica en la pág. 2)*. Unir con la mantequilla y los ingredientes secos. Agregar los chips de chocolate y unir todo bien.

En una bandeja para horno enmantequillada y enharinada, colocar cucharadas de la preparación bien parejas, del tamaño de una nuez, separadas entre sí, porque al cocinarse se expanden. Cocinar en el horno a temperatura fuerte (220°C) durante 15 minutos. Dejar enfriar sobre una rejilla. Una vez frías, guardarlas en un recipiente hermético, ya que pierden su consistencia crocante con la humedad ambiental.

Tentaciones de chocolate

INGREDIENTES

4 huevos

100 g / 3 1/2 oz de azúcar

1 cdita. de extracto de vainilla

200 g / 7 oz de chocolate con leche

1 cda. de mantequilla/manteca

250 g / 9 oz de harina

1 pizca de sal

100 g / 3 1/2 oz de nueces picadas

100 g / 3 1/2 oz de almendras picadas

100 g / 3 1/2 oz de coco rallado

Rinde 36 unidades

Ideales como petit fours o masitas secas para la hora del té, o bien para acompañar el café al final de una comida en que ofrecimos un postre liviano o frutal.

PREPARACIÓN

Batir los huevos con el azúcar y la vainilla hasta que estén espumosos y pálidos. Colocar el chocolate picado y la mantequilla en una cacerolita y derretir, a fuego bajo, o en el microondas. Por otra parte, tamizar la harina con la sal, las frutas secas y el coco. Incorporar el batido de huevos al chocolate, junto con la mezcla de ingredientes secos. Colocar la preparación, por cucharadas del tamaño de una nuez, en una bandeja para horno forrada con papel encerado o en moldecitos de papel. Cocinar en el horno a temperatura moderada (180°C) durante 8 minutos aproximadamente. Se pueden decorar espolvoreándolas con azúcar extra fino, o bien bañándolas en chocolate *(ver abajo)*.

Para bañar estos bizcochitos, derretir 100 g / 3 1/2 oz de chocolate e inmediatamente sumergirlos hasta la mitad y apoyarlos en la mesada o en una bandeja lisa hasta que se enfríe y endurezca el baño. Se puede terminar la decoración con una almendra.

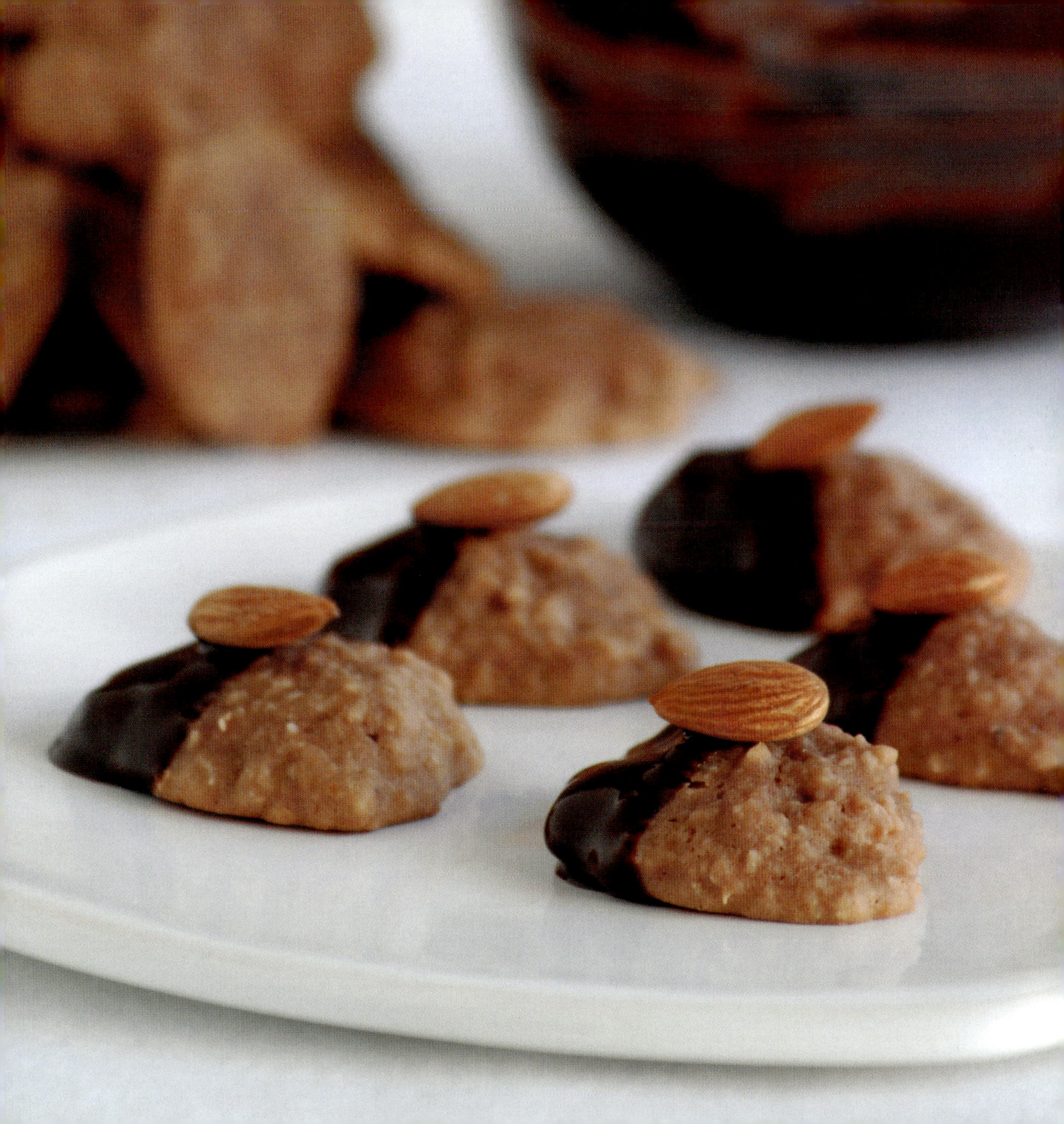

Muffins de chocolate y sésamo/ ajonjolí

INGREDIENTES

3 huevos

150 g / 5 oz de azúcar

120 g / 4 oz de harina

30 g / 1 oz de cacao en polvo amargo

1 cdita. de polvo de hornear

100 g / 3 $\frac{1}{2}$ oz de mantequilla/ manteca

3 cdas. de semillas de sésamo/ ajonjolí

Rinde 12 unidades

Una deliciosa sorpresa para un desayuno distinto, para un brunch de domingo o para acompañar la hora del té cuando hace frío… son especialmente ricos recién salidos del horno, todavía calientes.

PREPARACIÓN

Batir los huevos (a temperatura ambiente) con el azúcar hasta punto letra *(ver abajo)*. Tamizar la harina con el cacao en polvo y el polvo de hornear. Incorporar en forma envolvente al batido de huevos. Agregar la mantequilla fundida pero fría y 2 cucharadas de las semillas de sésamo e integrar, sin batir demasiado —para obtener una mezcla no del todo lisa. Colocar la preparación en moldecitos de papel y rellenarlos hasta las ²/3 partes. Usar la tercera cucharada de semillas de sésamo para esparcirlas en la superficie de los muffins. Cocinar en el horno a temperatura moderada (180°C) durante 10 minutos aproximadamente. Recomendamos servirlos recién salidos del horno. También son deliciosos a temperatura ambiente.

Batir a punto letra
Batir los huevos con el azúcar hasta que dupliquen su volumen, se tornen pálidos y, con el mismo batidor, se puedan formar letras sobre la superficie. El tiempo de batido es de aproximadamente 15 minutos con batidora eléctrica.

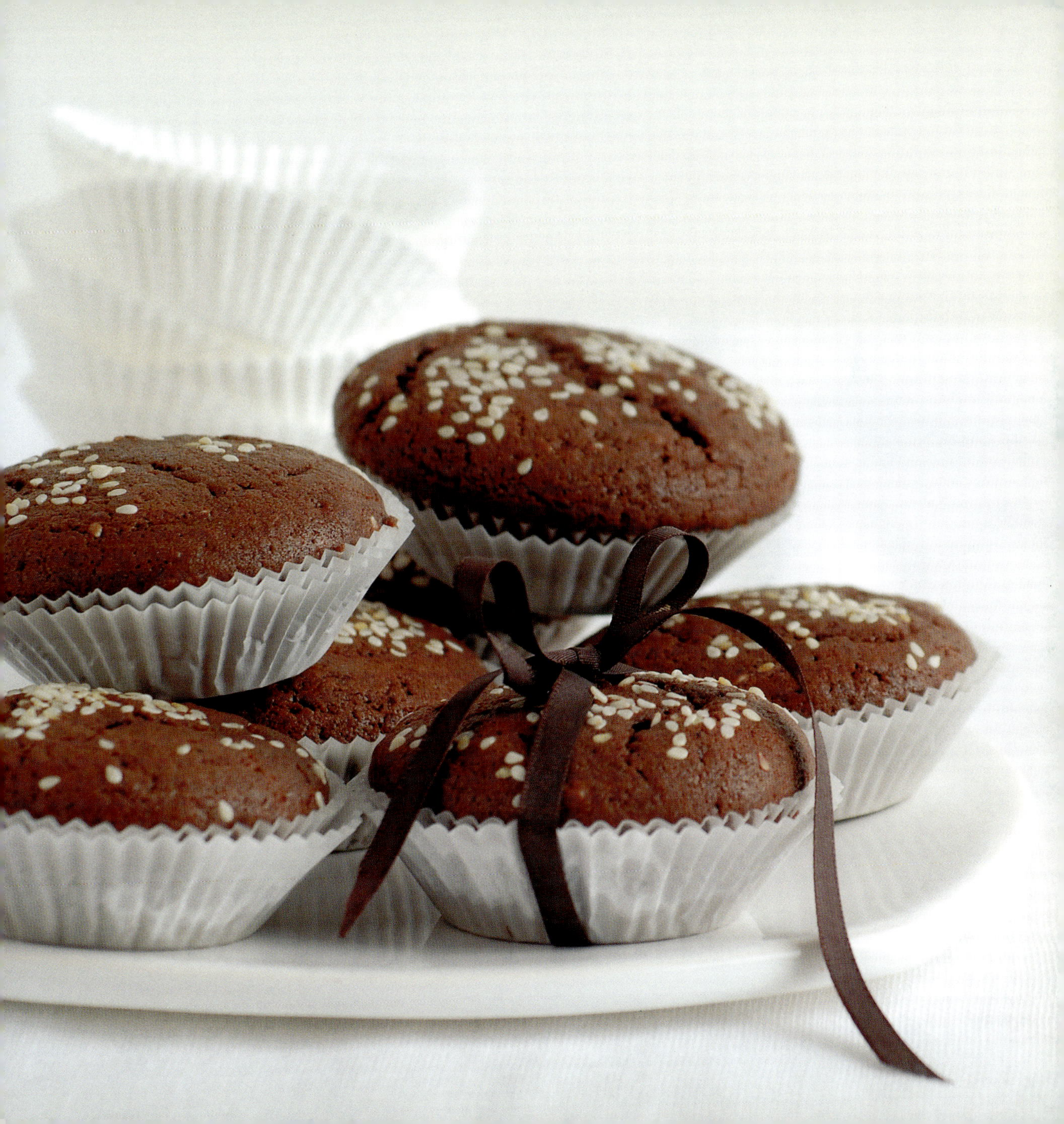

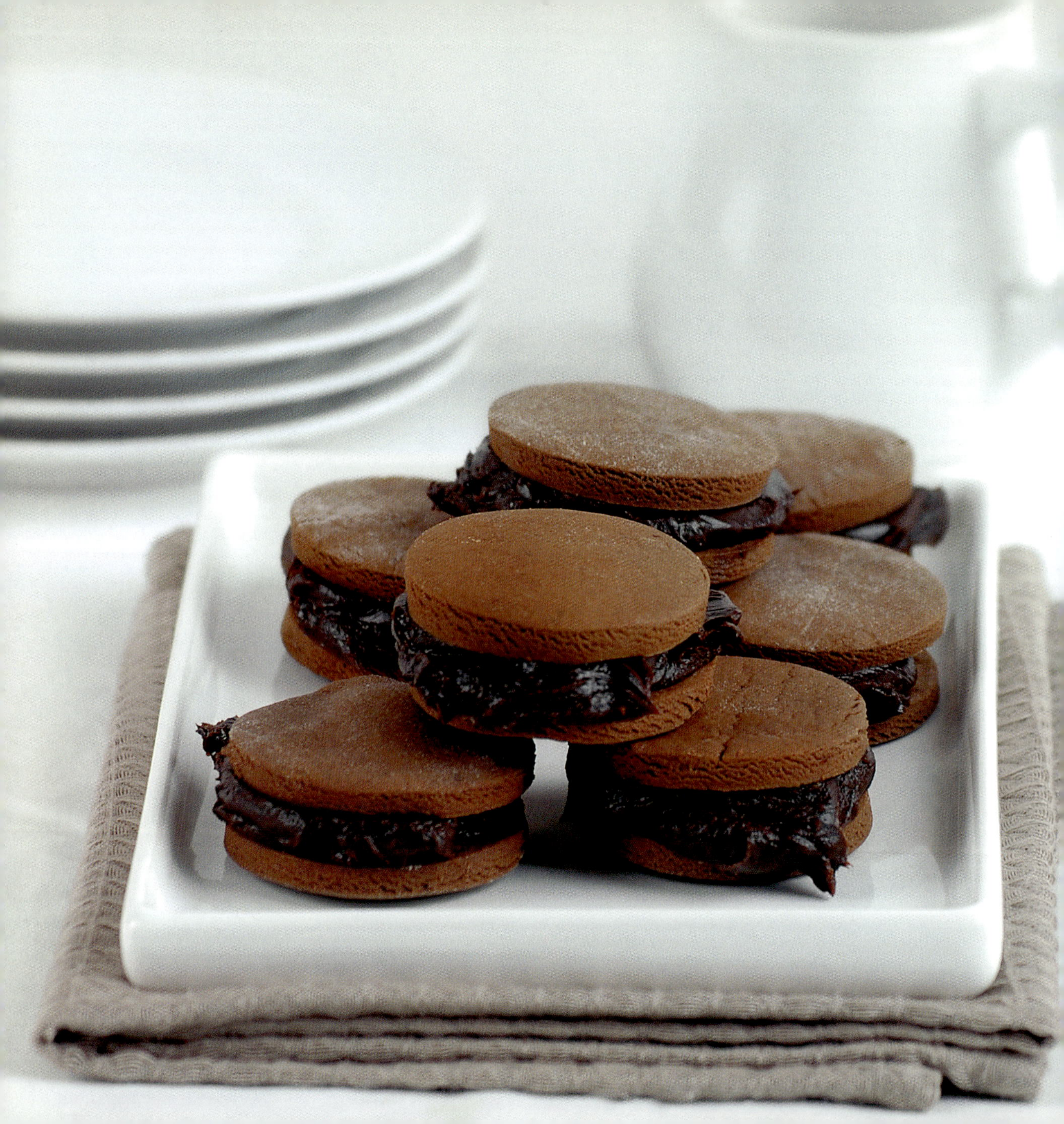

Alfajorcitos de chocolate con ganache

INGREDIENTES

Para el relleno:

100 ml de crema de leche
200 g / 7 oz de chocolate
1 cdita. de extracto de almendras

Para las tapitas:

75 g / 2 1/2 oz de mantequilla/manteca a temperatura ambiente
75 g / 2 1/2 oz de azúcar extra fino/glas/impalpable
1 huevo
220 g / 8 oz de harina
25 g / 1 oz de cacao en polvo

Rinde 24 tapitas para 12 alfajorcitos

Los alfajores son un clásico dulce o pastelito de Sudamérica, cuya versión típica consiste en dos tapitas unidas con dulce de leche (cajeta, manjar). Esta versión más sofisticada es deliciosa e ideal para sorprender a todos.

PREPARACIÓN

El relleno: calentar la crema a punto de ebullición y volcar sobre el chocolate picado. Dejar reposar durante 5 minutos. Agregar el extracto de almendras y revolver hasta integrar. Llevar al refrigerador hasta que tome cuerpo, tipo pomada, obteniendo la llamada "ganache".

Las tapitas: batir la mantequilla con el azúcar extra fino hasta que esté cremosa. Añadir el huevo y continuar batiendo. Por separado, tamizar la harina con el cacao en polvo en un recipiente amplio. Agregar la preparación anterior a ésta de harina y unir sin amasar hasta formar una masa. Cubrir con papel plástico transparente y dejar reposar en el refrigerador durante 30 minutos. Estirar con un rodillo de amasar, sobre una superficie enharinada hasta que tenga un espesor de 1/2 cm aproximadamente. Cortar círculos de 2 cm de diámetro, con un moldecito o un vasito. Colocar en una bandeja para horno, limpia, y cocinar en el horno a temperatura fuerte (220ºC) durante 20 minutos. Dejar enfriar y unir las tapitas de a dos, con la ganache de chocolate en el centro, armando así los alfajorcitos.

Pastelitos de chocolate sin harina

INGREDIENTES

90 g / 3 oz de almendras

12 yemas

9 claras

200 g / 7 oz de azúcar

200 g / 7 oz de chocolate

azúcar extra fino/glas/impalpable para espolvorear

Rinde 24 unidades

Estos pequeños y húmedos pastelitos son una delicia para ofrecer a cualquier hora, con el té, con un café, en familia, con amigos o para ocasiones en que nos queremos lucir.

PREPARACIÓN

Procesar las almendras hasta lograr un polvo fino*. Batir las yemas con el azúcar hasta que estén pálidas y espumosas. Batir las claras hasta que estén firmes. Picar el chocolate y derretirlo *(como se explica en la pág. 2)*. Mezclar el batido de yemas con el chocolate. Agregar en forma alternada las claras batidas con el polvo de almendras. Distribuir en moldes individuales para magdalenas o muffins, previamente enmantequillados y enharinados, llenándolos hasta las 2/3 partes. Cocinar en el horno a temperatura moderada (180°C) durante 30 minutos. Desmoldar y espolvorear con azúcar extra fino.

* Para moler las almendras, tostarlas apenas en el horno, y procesarlas con una cucharada de azúcar extra fino. No dejar que se transforme en una pasta.

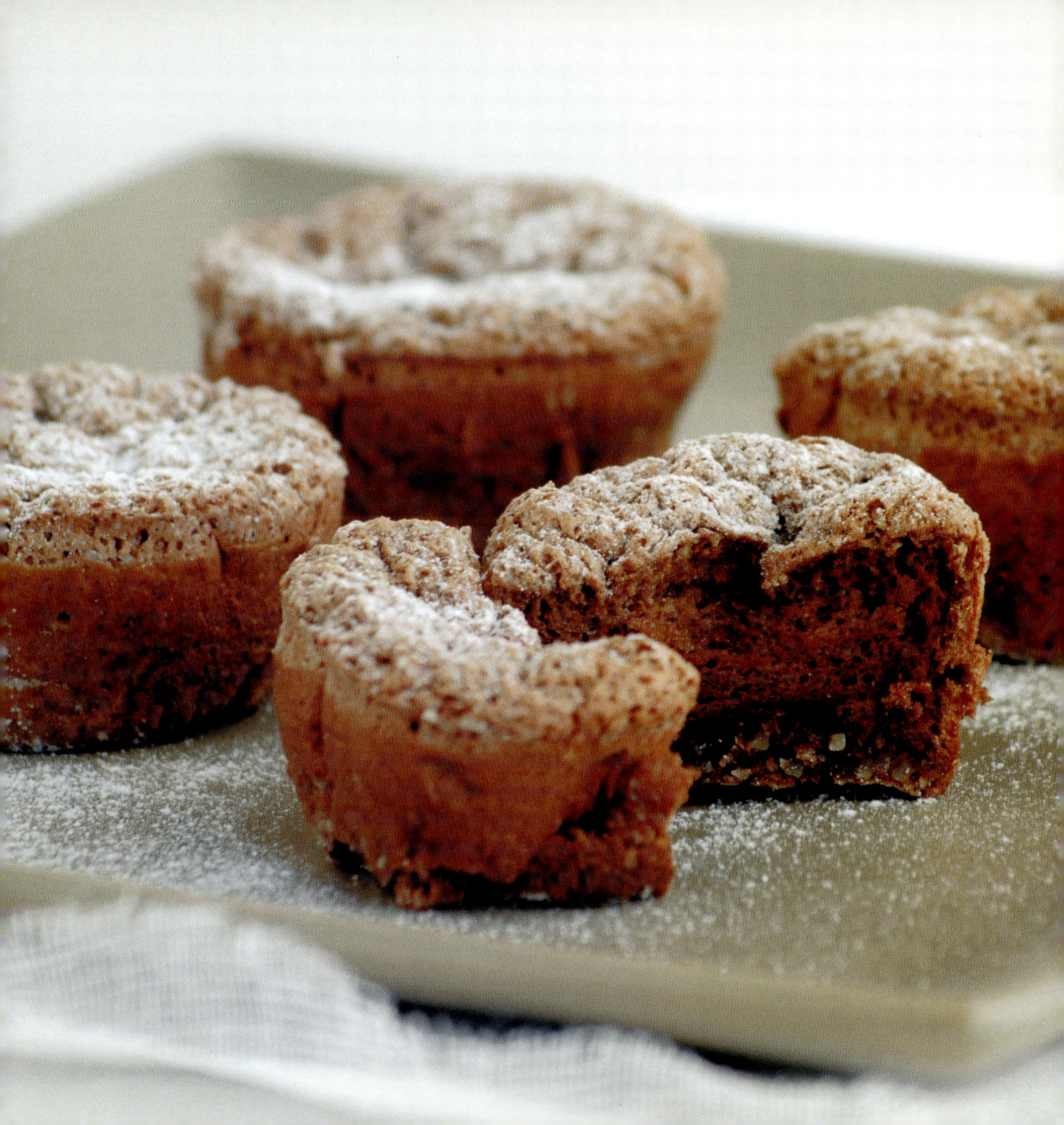

Biscotti de chocolate y almendras

INGREDIENTES

250 g / 9 oz de harina

50 g / 1 1/2 oz de cacao en polvo

1 cdita. de polvo de hornear

200 g / 7 oz de azúcar extra fino/glas/impalpable

4 huevos

150 g / 5 oz de almendras enteras

Rinde 30 biscotti

Su nombre proviene del italiano y del latín, y quiere decir que tienen "doble cocción". Inspirados en los célebres "cantuccini" de la Toscana, son ideales para servir con un vino o licor dulce, como un "vinsanto" toscano, un amaretto, un marsala o un oporto…

PREPARACIÓN

Tamizar la harina con el cacao y el polvo de hornear. Agregar el azúcar extra fino y mezclar. Colocar los huevos en un recipiente y mezclar ligeramente. Incorporar los huevos a los ingredientes secos y mezclar. Agregar las almendras. Verter toda la preparación en un molde alargado, previamente enmantequillado y enharinado. Cocinar en el horno a temperatura moderada (180°C) durante 30 minutos. Desmoldar, dejar enfriar bien y cortar, con un cuchillo bien afilado, en finas rodajas. Colocar las rodajas en una bandeja para horno y cocinar nuevamente, ahora a temperatura baja (160°C), hasta que los bordes estén dorados. Esta doble cocción les dará una textura muy crocante. Una vez fríos, se deben conservar en un recipiente hermético.

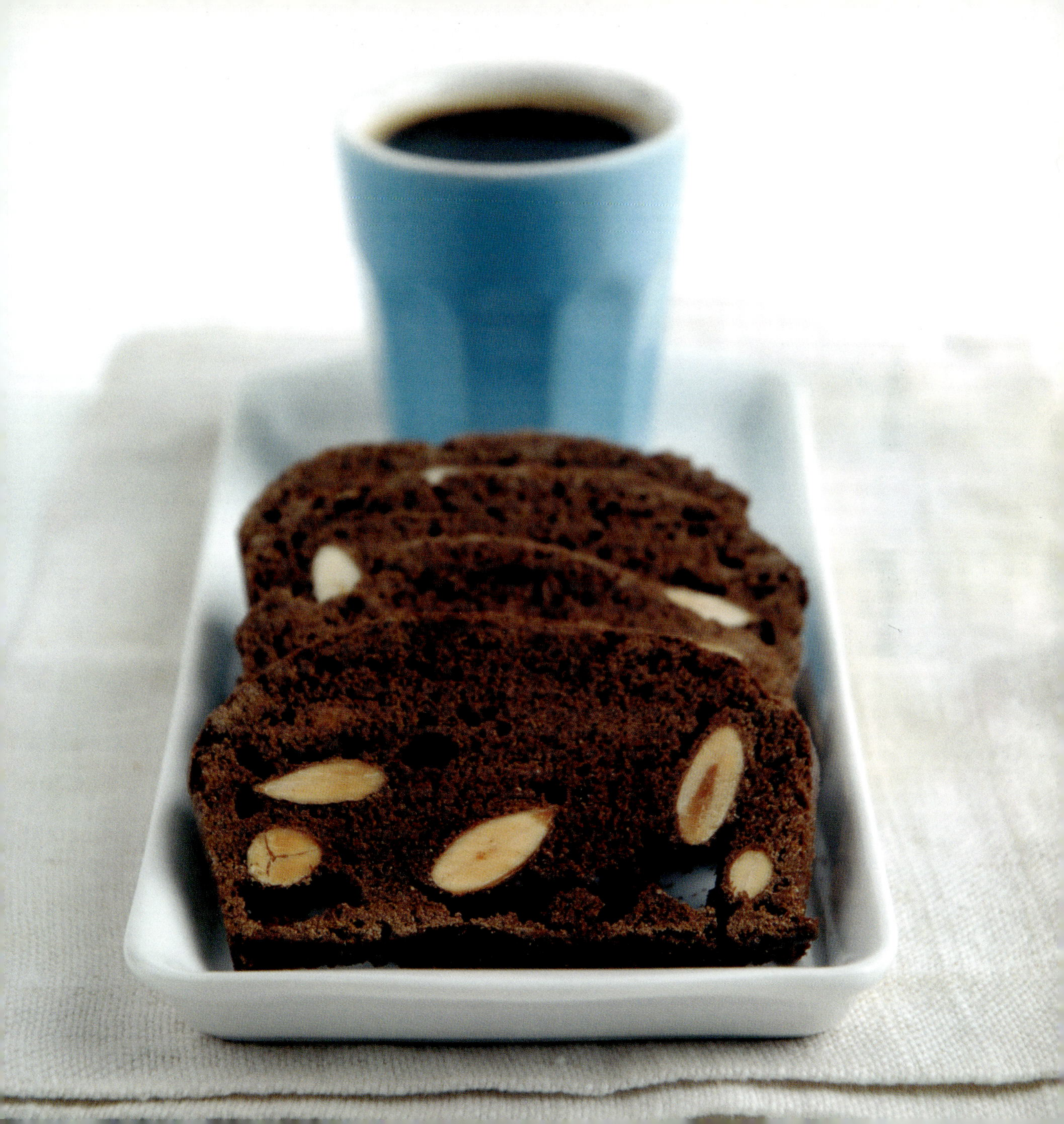

Pía Fendrik

Inició su carrera profesional en el Instituto Argentino de Gastronomía. Luego se perfeccionó en la escuela de cocina del famoso chef Gato Dumas, en la Escuela de Sommeliers y en Pastelería Maestra. Ha trabajado para prestigiosas revistas femeninas y de estilo; entre ellas, *Para Ti*, *Sophia* y *Cuisine & Vins*; y para la editorial Atlántida, en el sector de decoración. También desarrolló catálogos y recetas para grandes marcas de empresas de alimentos, como *La Salamandra*, *Luchetti*, *Philadelphia*, etc. Además de escribir libros de cocina, dicta cursos de gastronomía especializada.

Ángela Copello

Es fotógrafa profesional desde 1990. Comenzó sus estudios en la Escuela Argentina de Fotografía y luego se perfeccionó con fotógrafos consagrados, como Aldo Bressi, Virginia del Giudice y Edgardo Fillol.
Ha publicado varios libros, y sus fotografías han sido divulgadas en importantes revistas, como *Para Ti Decoración*, *Sophia*, *Jardín*, *Garden Illustrated*.

Postres individuales

- 5   Pots de crème de chocolate blanco y negro
- 6   Mousse cremosa de chocolate
- 9   Crème brûlée de chocolate blanco con un toque perfumado
- 10   Soufflé suave de chocolate
- 13   Flancitos de chocolate
- 14   Tartaletas de caramelo y chocolate
- 16   Merengues de chocolate y frutas
- 18   Volcán de chocolate

Tartas, postres y pasteles

- 21   Tarta ganache de chocolate
- 22   Bizcochuelo extra fudge
- 24   Tarta crocante con almendras
- 26   Semifreddo de chocolate con avellanas y café
- 28   Cheesecake de chocolate y café
- 31   Cheesecake de chocolate blanco y frutos rojos
- 32   Postre helado de tres chocolates
- 34   Marquise de chocolate al horno
- 37   Marquise de chocolate sin horno
- 38   Dacquoise de almendras y ganache de chocolate
- 40   Cake de chocolate y plátano/banana

Pastelitos, galletitas y bocaditos

- 43   Brownies con maní/cacahuates
- 45   Brownies de dos colores
- 46   Cookies con chips de chocolate
- 48   Copitos nevados en chocolate blanco
- 49   Bombones de chocolate y nuez
- 51   Cookies con doble chocolate
- 52   Tentaciones de chocolate
- 54   Muffins de chocolate y sésamo/ajonjolí
- 57   Alfajorcitos de chocolate con ganache
- 58   Pastelitos de chocolate sin harina
- 60   Biscotti de chocolate y almendras

En nuestra colección

Salsas para pastas

Cocina rica & light

Cocina informal para amigos

V&R EDITORAS

Dirección gastronómica y de arte: Trini Vergara
Producción: Pía Fendrik
Vajilla: Ángeles Castro Corbat
Diseño: S|L estudio
Revisión de textos: Soledad Alliaud

© 2007 V&R Editoras S.A.
www.libroregalo.com

Todos los derechos reservados. Prohibidos, dentro de los límites establecidos por la ley, la reproducción total o parcial de esta obra, el almacenamiento o transmisión por medios electrónicos o mecánicos, las fotocopias o cualquier otra forma de cesión de la misma, sin previa autorización escrita de las editoras.

Argentina: Demaría 4412 (C1425AEB), Buenos Aires
Tel./Fax: (54-11) 4778-9444 y rotativas
e-mail: editoras@libroregalo.com

México: Av. Tamaulipas 145, Colonia Hipódromo Condesa, Delegación Cuauhtémoc, México D. F. (C.P. 06170)
Tel./Fax: (5255) 5220-6620/6621 • 01800-543-4995
e-mail: editoras@vergarariba.com.mx

ISBN 978-987-612-053-1

Impreso en China
Printed in China

Fendrik, Pía
  Chocolate - 1a ed. - Ciudad Autónoma de Buenos Aires : V&R, 2007.
  64 p. : il. ; 19x19 cm.

  ISBN 978-987-612-053-1

  1. Cocina con Chocolate. I. Título
  CDD 641.637 4

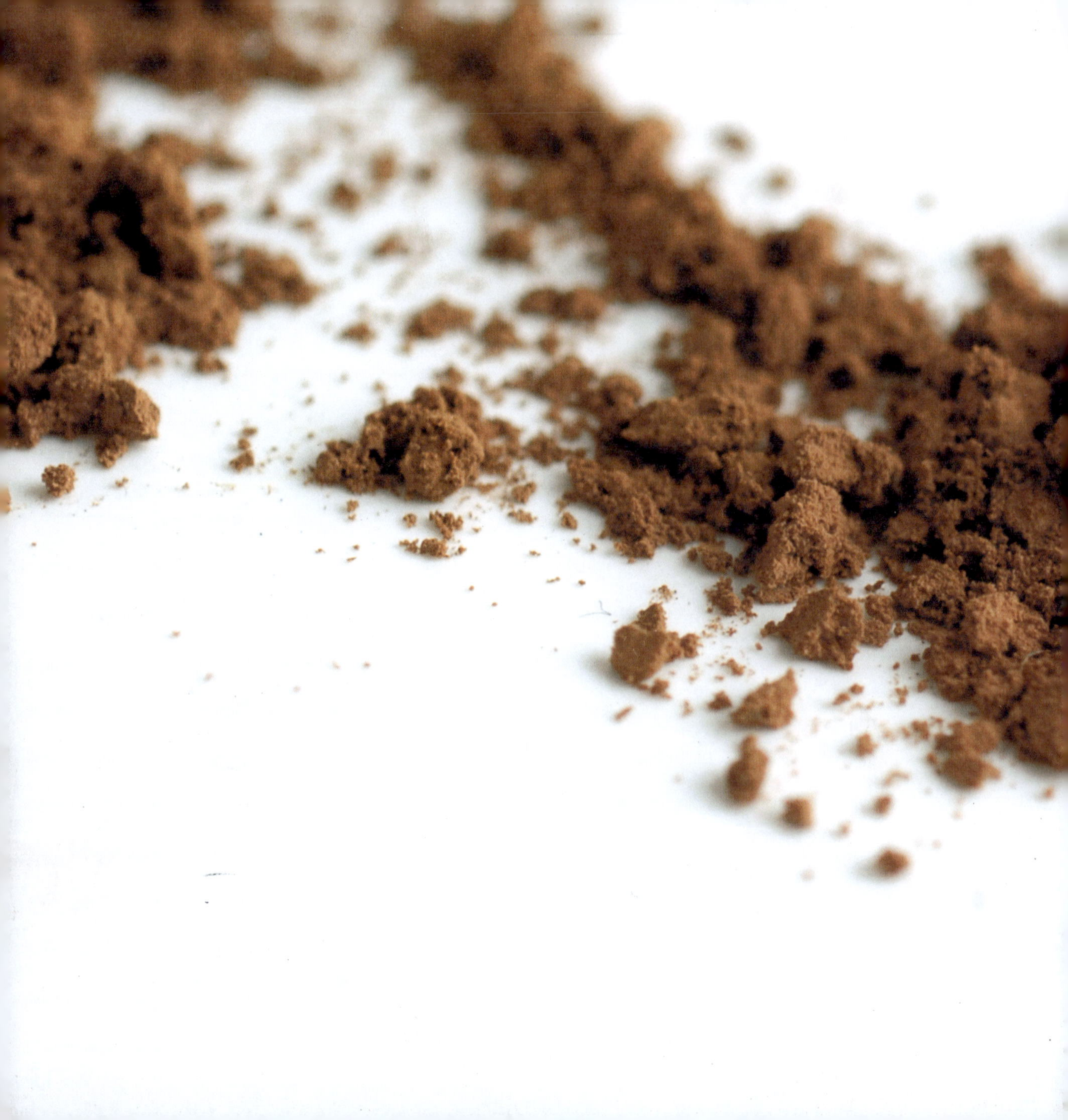